# 大学設置審議会インサイド・レポート

公開守護霊霊言

大学設置分科会 会長 スピリチュアル・インタビュー

# まえがき

経産相と法務相のクビを取ったぐらいで慢心していては日本のマスコミは素人《しろうと》仕事をしているといわざるをえない。日本国憲法も読んでいないと思われる、あるいは理解できないと思われる、タヌキ文科大臣が、審議会を隠れミノに使ってのうのうと政界遊泳しているのだ。

この「大学設置審議会インサイド・レポート」を読めば、利益屋と権力欲の妄者の巣窟《そうくつ》が見えてくる。

キリスト教系の大学は、イエスの処女降誕、湖の上を歩いたこと、カメ一杯の水をワインに変えたこと、死者ラザロを甦《よみがえ》らせたこと、イエス自身が十字架にかかって後、肉体を持って復活し、さらに昇天したこと、数個のパンや数匹の魚を数千人分に増やし、病人を信仰心だけで癒したことを、科学的根拠をもって証明したので設立が認められたのか。

宗教をバカにするな。宗教は人間の本質を教える真理である。それは学問を超えた真理である。

二〇一四年　十月三十日

幸福《こうふく》の科学《かがく》グループ創始者兼総裁《そうししゃけんそうさい》　大川隆法《おおかわりゅうほう》

# 大学設置審議会インサイド・レポート　目次

まえがき　3

# 大学設置審議会インサイド・レポート

## ――大学設置分科会会長スピリチュアル・インタビュー――

二〇一四年十月三十日　収録
東京都・幸福の科学総合本部にて

「霊言現象《れいげんげんしょう》」とは、あの世の霊存在の言葉を語り下ろす現象のことをいう。これは高度な悟《さと》りを開いた者に特有のものであり、「霊媒現象《れいばいげんしょう》」(トランス状態になって意識を失い、霊が一方的にしゃべる現象)とは異なる。外国人霊の霊言の場合には、霊言現象を行う者の言語中枢《ちゅうすう》から、必要な言葉を選び出し、日本語で語ることも可能である。

また、人間の魂《たましい》は原則として六人のグループからなり、あの世に残っている「魂の兄弟」の一人が守護霊《しゅごれい》を務めている。つまり、守護霊は、実は自分自身の魂の一部である。したがって、「守護霊の霊言」とは、いわば本人の潜在《せんざい》意識にアクセスしたものであり、その内容は、その人が潜在意識で考えていること(本心)と考えてよい。

なお、「霊言」は、あくまでも霊人の意見であり、幸福の科学グループとしての見解と矛盾《むじゅん》する内容を含《ふく》む場合がある点、付記しておきたい。

# 大学設置審議会インサイド・レポート

——大学設置分科会会長スピリチュアル・インタビュー——

二〇一四年十月三十日　収録

東京都・幸福の科学総合本部にて

佐藤東洋士《さとうとよし》（一九四四〜）

桜美林学園理事長・桜美林大学総長。文部科学省大学設置・学校法人審議会大学設置分科会会長。二〇一一年、第六回世界孔子学院会議にて、孔子学院優秀個人賞（一位）を受賞。授賞式の様子はＣＣＴＶ（中国中央テレビ）で報道された。

質問者　※質問順

綾織次郎《あやおりじろう》（幸福の科学上級理事　兼　『ザ・リバティ』編集長）

里村英一《さとむらえいいち》（幸福の科学専務理事〔広報・マーケティング企画担当〕）

佐藤悠人《さとうゆうじん》（幸福の科学広報局法務室室長）

［役職は収録時点のもの］

# 1　「幸福の科学大学不認可」の〝策謀〟を探る

## 文科省・大学設置審議会が出した「不認可」の回答

大川隆法　昨日（二〇一四年十月二十九日）の午後、文科省のほうから、申請していました幸福の科学大学について、「認可せず（不可）」というような通知がありました。

というよりも、「審議会のほうが認めない」ということになったわけですから、「上の政治家に責任が行かないように、審議会のところで『ＮＯ』を出した」というかたちかと思われます。

なお、幸福の科学大学の審議に当たっては、文部科学省大学設置・学校法人審議会の大学設置分科会会長という役職の佐藤東洋士《さとうとよし》さんがリーダーになっています。

この方は、桜美林《おうびりん》学園理事長 兼 桜美林大学総長で、現在七十歳です。出生地は、中国・北京《ペキン》で、学歴は、一九七〇年、桜美林大学文学部英語英米文学科卒、それから、一九七三年、日本大学大学院文学研究科英文学専攻で修士課程修了となっています。一九七二年に桜美林大学の助手になり、さらに、文学部専任講師、助教授、国際学部教授、九〇年に学長補佐、九三年に副学長、九六年に同学長となり、二〇〇三年五月から桜美林学園の理事長となって、現在に至るということです。

不思議なところとしては、二〇一一年十二月に、第六回世界孔子学院会議にて、孔子学院優秀個人賞（一位）を受賞し、授賞式の様子はＣＣＴＶ（中国中央テレビ）で報道されたそうで、まことに〝怪しい〟ものが一つ入っています。そして、二〇一二年四月、桜美林大学総長にもなって、現在に至っています。

また、桜美林大学もキリスト教系で、おそらくプロテスタント系の小さな会派の方がつくった大学かと思われますので、何らか、かすかな信仰心はあるだろうとは推定しています。

ただ、そうした「プロテスタント系キリスト教」と、「中国の孔子学院」との絡《から》みが、いったいどうなっているのかには、やや不思議な感じがします。

今、〝中国攻め〟をしている幸福の科学の審査に、孔子学院優秀個人賞をお取りになった方を、会長としてぶつけてくるというのは、どういう気持ちがあってのことなのか、なかなか微妙な感じがしなくもないのです。

それが、たまたまかどうかは分かりませんし、プロテスタント系のどのような会派かも、たくさんの分派があるでしょうから分かりません。しかし、今、いろいろな大学に入り込んで世界で排除されつつある孔子学院、要は、中国の尖兵になっている孔子学院のほうから賞をもらっているということについて、思想的な絡みはどのようになっているのでしょうか。

そういう感じから見ると、当会の政治的な活動に対して、何かお考えをお持ちなのではないかと思います。

なお、当会の大学担当の者が交渉をしていたわけですが、今日の質問者として出すと激昂《げきこう》したり、血圧が上がったりしてもいけないので、引っ込めてあります（笑）。まだ、少しは文科省との話があるかもしれませんので、ほかの人から質問をしてもらおうと思っています。

## なぜ、審議会会長は「変心」したのか

大川隆法　さて、審議会から、五月末に一回目の返事を頂いたときと、八月八日の夕方に返事を頂いたときの両方ともに、そのあとで下村大臣の守護霊がお出でになられ、霊言集が二冊ほど出ているのですが、その前後ごろに、佐藤東洋士《としよ》さんの守護霊も調べました。このときは、「幸福の科学大学設立反対」という、はっきりした意見を持っておられました。

さらに、八月末ぐらいには、千葉県の長生村《ちょうせいむら》にある幸福の科学大学の建設現場で、建物の見学にも行ったと思いますが、その際、黒川白雲《くろかわはくうん》学部長候補ほか、何人かで対応したところ、佐藤さんが、すごく嫌な顔をして睨《にら》んだとか、嫌そうな顔をした

とかいう報告を受けています。どうやら顔も見たくないような関係になってはいたようです。

ただ、それまでは、ややアンチの感じではあったのですが、最近は、守護霊の言うことが少し変わってきていました。

向こうの答申を受けて、私のほうで、八月の後半から、大学のガイダンスに当たる内容のものをザーッと揃《そろ》えていったのですが、「学者としては、このように正当に球を打ち返しているところは評価する」という感じのことを、二、三回、述べていたのです。また、今回、答申が来る前の日ぐらいまでは、「今、私としては、どちらかといえば、賛成のほうに考え方は切り替わっている」というような言い方をしていました。

ところが、その翌日、文科省のほうからは、「不可」という返事が来たわけです。

これは、佐藤東洋士さんが〝タヌキ〟なのか、あるいは、上の政治家に〝タヌキ〟がいて、「責任を取りたくないから、おまえのところで潰せ」と言ってきたのか。

その内情についても知りたいし、「インサイド・レポート」も、けっこう効くことがあるので、調べてみたいと思います。

これは、いちおう〝科学的に〟取材しておりまして、過去にも数多くの回数を行い、効果があることも証明済みです（注。取材した霊人は五百人を超え、書籍は三百冊にのぼる）。例えば、朝日新聞の主筆が辞《や》めたこともありますし、日銀総裁がお辞めになったこともあるぐらいの厳しいインサイド・レポートですので、そんなに甘くはないだろうと思います。

ということで、桜美林大学の名誉になるかどうか知りませんけれども、今日は、佐藤東洋士さんについて、どういう人物であるのか、あるいは、今回の最終結論に至るあたりの内容を聞き出せたらいいと思います。

もちろん、保身のための嘘《うそ》をつくとは思われますので、このへんは、前職でもジャーナリストとして活躍され、現職でもジャーナリスト的な仕事をなさっている二人（質問者の綾織と里村）も投入し、嘘があったら剝《は》がしてほしいと思っています。

また、政治家からの圧力で〝代弁した部分〟があるのなら、その部分について明らかにしてほしいと考えています。

## 〝いちゃもん〟としか思えない「不認可の理由」

大川隆法　なお、現時点で出ている審議会の意見について簡単に言えば、次のようになるでしょう。

要するに、前回の返事では、「大学のカリキュラムだけを出して、『創立者の考えを学ぶ』とかいろいろ書いてあるけど、創立者の考えが何かが分からない。また、『基本教学も学ぶ』というようなことが書いてあるけど、内容が分からない」と言ってきたので、私のほうでだいぶ内容を揃《そろ》えたのです。

ところが、今度の返事では、「宗教の教祖が、霊言を絡めて、いろいろな教えを大学のなかで教えようとしているが、それは学問性がない。科学的根拠がないもので学問をやろうとしているから、おかしい」というようなことを言ってきたわけです。

このようなことは、ただの〝いちゃもん〟としか思えません。科学的根拠だけを言ったら、こんな宗教系の大学など全部駄目で、全滅でしょう。こんなものに科学的根拠など、あるわけがありません。それでは、キリスト教系のものなど一校も建たないでしょう。それを科学的に分析されたら、キリスト教でも建てられる大学があるはずはありません。科学的には「全部間違い」になってしまいます。分離しているから成り立っているか、あるいは、「なあなあ」でやっているから成り立っているというだけのことでしょう。

この人も、キリスト教の大学にいる以上、多少はキリスト教的信仰をお持ちでしょうから、そこも突っ込みどころだとは思います。

本日は、弁護士でもあり、当会の法務室長でもある佐藤悠人《ゆうじん》さんにも質問者に入っていただいて、文科省のしたことは法律的にも正しいのかどうかについて、確認したいと思います。

今回の不認可の理由として、「当会の〝不正〟があったので、最長で五年間は認めない」というようなことも言われていますけれども、何の〝不正〟があったのか、私にはまったく分かりません。

当会について、審議会や文科省の方があまりにも勉強不足であるため、「勉強いただきたい」という思いを持ったことはありますが、それは、大学の内容を審査する方にとっては当然のことでしょう。本も読まずに判断する、要するに、書類だけで判断しようとするのは無理があるので、「お読みいただきたい」とは思いましたが、本を受け取ってくださらないこともありましたので、やや不思議な感じがあります。

それから、献本等をしたことが〝不正行為〟であるかのような言い方をしていますが、これは、憲法的に見て、あらゆる観点から見て、どう考えてもおかしいと思います。また、別に一般伝道の対象にしたわけではなく、審議する立場であるにもかかわらず読んでいないと推定したので、「参考資料」としてお届けしただけのことです。

## 下村文科大臣の「守護霊霊言」が現実化した？

大川隆法　また、不認可の理由として、「守護霊霊言の本を出版したのが不正である」ともありますが、その人が言っているとしか思えません。何かそういう言葉も出ているようなので、〝私怨《しえん》〟がかなり絡んでいるのではないかと思います。そういう意味では、宗教的真理をご存じないだけなのではないでしょうか。私どもが陥《おとしい》れようとしているように思っておられるようです。

昨日、下村文部科学大臣の守護霊の一回目の霊言と二回目の霊言（『文部科学大臣・下村博文守護霊インタビュー』『文部科学大臣・下村博文守護霊インタビュー②』〔共に幸福の科学出版刊〕参照）とを読み返してみたのですけれども、やり取りとしては、今、この十月末に聞いたとしても、ちょうどいいような内容がズバリと出ていました（笑）。霊的には、もう何カ月も前から、予言的に出ていたと言えなくもないでしょう。

「表面意識」はゆっくりとナメクジのように這《は》っているかもしれませんが、「潜在意識」のほうでは、今、出ているものと同じことを言っていたのではないかという感じがしないでもありません。

また、政治家は、表向きと違い、裏では人を騙《だま》すのは常套手段《じょうとうしゅだん》ですので、このあたりのことを暴《あば》かれるのは、かつて経験がないことでしょう。

今日はとりあえず審議会の責任者について調べてみて、もし万一、連続追及をしなければならないと考えられる場合には、大臣のほうにも再びご登場願わなければいけないときが来るかと思います。

また、私一人だけの意見によって霊言が行われていると思われるようであれば、当会には霊能者が何人かいますので、別の人に霊を入れても同じことを言うか言わないかを試してもよいでしょう。

この程度のレベルの人であれば、誰にでも入ると思います（笑）。光の天使とは思えないので、誰でもお入りになるでしょう。何人か交代して霊言を行ってみても構いません。別に私の著作ではなく、ほかのチャネラーの本として出せる時期も近づいているかもしれないので、ほかの人で行っても同じ結果になるかどうかというところを、科学的に繰り返し〝実験〟してみてもよいかと思っています。

やはり、「なめたらいかんぜよ」ということです。

これは霊的なものではありますが、日本の言論、ジャーナリズムをけっこう動かしている面があることを、ジャーナリストや新聞社、テレビ局の人たちは、かなり感じているところでしょう。しかし、学者のほうが浮世離れしていて、世の中のことに非常に疎《うと》いので、本当に分かっていないのではないかと思います。

つまり、古い学問を変えようとしているにもかかわらず、古い学問のほうが新しい潮流を一生懸命食い止めようとしているような感じにも見えるのです。

これは、イエスの時代の「パリサイ派 対 イエス」のようにも見えるし、「ローマ法王・バチカン 対 ルター」のようにも見えるところがあります。

〝下村《しもむら》ローマ法王〟が「わしのところに来て、股《また》をくぐれ」と言っているような感じに、多少見えなくもありません。

## 問題がある「教育の一元化」と「私学助成」

大川隆法　ただ、教育の一元管理、一種の一極支配、全体主義的な傾向が出てきてはいまして、本来、「私立」は、設立が自由であり、内容も自由なはずなのです。「国立」は、ある程度しかたがないでしょう。

私たちにとっても、少し言いにくいことではありますが、憲法を緻密《ちみつ》に学べば、「私学助成」については、「憲法違反の疑い」がそうとう濃厚《のうこう》にあるのです。「国公立との差額がありすぎるため、援助する」「国民の福利厚生を考えれば、少し援助しなければいけない」というようなことで、事実上、行われていますが、憲法上は問題があります。

つまり、「『補助金を出す』ということによって、大学を全部握ってしまう。許認可権を一気に持ち、それを〝錬金術〟にして選挙で勝つ方法に切り替えるところまで考えている」「認可権限で、票やお金まで動かそうとしている」というのであれば、現在の自民党で起きている各種の問題と同じような問題があります。ここにも、「闇の部分」があるのではないかという推察がつきます。

## 大学設置分科会会長・佐藤東洋士氏の守護霊に訊く

大川隆法　いずれにしても、佐藤東洋士さんについて調べてみます。

この方は、宗教者、あるいは、学者として本物なのでしょうか。七十歳にして本がまだ一冊しかないようですが、読んだことがないのでよく分かりません。

また、私の娘が受けていた河合塾の全統模試などで見ると、桜美林大学は偏差値三〇台から四〇台の大学だそうなので、当会の大学を審査することは無理なのではないかという気がします。

ですから、彼らには、私たちが行っていることが、すべて無茶苦茶に見えるのではないかと思います。「こんな無理なことを大学生ができるわけがない」と感じている面があるのではないでしょうか。

「私たちの相手として、ぶつけてきたものが悪いのではないか」という気もしています。それは、もしかしたら、同情しなければいけない面なのかもしれません。

当会がつくろうとしている学問体系が分からない面々がたくさん並んでいるので、これはミスキャストといいますか、「そもそも、審議会制度そのものが成り立つのか」という問題まで来ているのではないかと思います。

また、「文科大臣自らが、憲法を読んでいないのではないか」という疑いまであるぐらいです。それから、責任を取らないように、前任に替わって新しく室長にされた人は金沢大の経済学部卒であり、法律が分かっているのかどうか分かりませんので、疑問がないわけではありません。

それ以外の学者のみなさんも、理系から始まって、いろいろな分野の方がいるでしょうから、何を理解して言っているか分からないところもあります。

前置きが少し長くなりましたが、いろいろな前提の条件を少しだけ話しました。

当会の大学関係者の方はこのぐらいでは収まらず、〝吊《つる》し上げ〟までしたい気持ちでしょうが、「まず〝中間帯〟を一度経由してから」ということで、「インサイド・レポート」を行ってみたいと思います。

それでは、今回の大学審査に当たり、責任者でもありました桜美林大学総長の守護霊をお呼びいたします。

ご自身の考えや審議会の考え、あるいは、文科省がどのように考えていたか、大臣や大臣以外の政治家から何か意見があったのか、他の宗教が何か言ってきたのか、いろいろなことがあろうかと思いますので、総合的にお答えいただければ、ありがたいと思います。

では、桜美林大学総長、桜美林大学総長、佐藤東洋士さんの守護霊をお呼びします。

桜美林大学総長、佐藤東洋士さんの守護霊をお呼びいたしたいと思います。

桜美林大学総長、佐藤東洋士さんの守護霊よ、幸福の科学総合本部に降りたまいて、その本心を明らかにしたまえ。
佐藤東洋士さんの守護霊よ、幸福の科学総合本部に降りたまいて、その本心を明らかにしたまえ。

（約十秒間の沈黙）

## 2 「審議会には責任がない」という佐藤氏守護霊

### 「内緒でやっていて、誰にも責任がないのが審議会の趣旨なんだ」

佐藤東洋士守護霊　ああ。

綾織　こんにちは。

佐藤東洋士守護霊　（渋面をつくって）ああ、よくない、よくない、よくない、よくない。

綾織　よくないですか。

佐藤東洋士守護霊　よくないですね。こういうのはよくない。よくないねえ。やっぱり、審議会っていうのは隠れていられなきゃいけないんで。引っ張り出されるとよくないんです。隠れていられるから、審議会が成り立つ。

綾織　隠れていたい？

佐藤東洋士守護霊　「引っ張り出される」っていうのは、やっぱり。せっかく内緒で会ってるのに、まずいじゃないですか。審議会の趣旨に背《そむ》きますよね。

綾織　審議会の趣旨には、「内緒でやっている」というのはないと思いますけれども。

佐藤東洋士守護霊　いや、「内緒でやっていて、誰にも責任がない」というのが、いちばんの趣旨なんだよ。

綾織　ああ、なるほど。

佐藤東洋士守護霊　審議会にも責任がなければ、文科省にも責任がなければ、大臣にも責任がない。これが大学審議会の意義ですから。

綾織　なるほど。

佐藤東洋士守護霊　だから、こんな、「呼び出される」っていうことは、責任が出るじゃないですか、個人的発言で。

綾織　まあ、そうですね。

佐藤東洋士守護霊　私は、政治家じゃないから、政治家みたいにうまく嘘《うそ》がつけるかどうか、自信がないじゃない。

綾織　そのへんは、おいおい伺っていきたいと思いますが、その内緒でやられている内容について、今日は、お伺いしておきたいと思うのですけれども。

佐藤東洋士守護霊　内緒というか、まあ、何て言うか、精神統一しなきゃいけないからね。集中してやらなきゃいけないからね。これを公開できないわね。

綾織　では、集中して進めましょうか。

佐藤東洋士守護霊　集中して、やっぱり審査しなきゃいけないから、公開して、みながワアワア言う、口を入れられたら、ちょっと、なかなかできないじゃないですか。

綾織　まあ、「結論」は出されましたので、それについて、今回は「インサイド・レポート」ということで、ある意味、ジャーナリズムですね。

佐藤東洋士守護霊　まあ、頑張れるまで、私は頑張りますけど、いちおうね。

里村　よろしくお願いいたします。

佐藤東洋士守護霊　（里村を見て）うん？　怖そうだなあ。あんたもなかなか、野《の》武士《ぶし》みたいな顔してる。ああ？

綾織　いえ、いえ、いえ。シンプルな取材として、いろいろと、今回のプロセスをお伺いしていきたいと思っています。

「宗教は、科学で証明なんかできるわけない」と言う佐藤氏守護霊

佐藤東洋士守護霊　まあ、政治家的に答弁させていただくと、まことに遺憾《いかん》です。

綾織　はい。分かりました。まず、「遺憾」ということですね。

佐藤東洋士守護霊　うん。遺憾。遺憾。遺憾。遺憾の意を表したいと思います。「たいへん頑張られたのに遺憾だった」と。

綾織　はい。こちらも、「非常に遺憾だ」と思っているのですけれども、今回、決

定された内容を見ると、特に、「霊言」にかなり焦点を絞って、「不可の理由」というのを挙げられました。

そこでおっしゃっている内容というのが、「科学的根拠をもって、一般化、普遍化されているとは言えず、学問の要件を満たしているとは認められない」と。それで、要は、「霊言が科学的に証明されていません」ということを言っているのですけれども、あなたが、あるいは、ほかの人なのか分かりませんが、審議会がおっしゃる〝科学的な証明〟ということについて、少し解説を頂きたいと思います。

何をもって、「証明される」「されていない」と言うのでしょうか。

佐藤東洋士守護霊　いや、そらあもう、さっぱり分かりませんねえ。まあ、これは、たぶん、ＮＨＫの超常現象のところで、あなたがたが、今、〝喧嘩《けんか》〟を売ってるところ？

綾織　まあ、喧嘩というか、指摘をしているのです。

佐藤東洋士守護霊　喧嘩を売ってるのをNHKの側に立って言ってみたのと、あと、立花隆《たちばなたかし》の「脳が心か、心は脳にあるか」（『本当に心は脳の作用か？』〔幸福の科学出版刊〕参照）みたいなところを、いちゃもんつけて、文春あたりで反論してきてるところ？　このあたりを某大臣が拾い読みして、まあ、言ってるんじゃないですかねえ。

綾織　大臣が……。

佐藤東洋士守護霊　いや、某大臣……。いやあ、某、某、某政治家が……。

綾織　某政治家が……。

佐藤東洋士守護霊　うーん。私は、別に、そんなに「科学的」にこだわる気はないんですけどね。

綾織　ああ。「こだわる気はない」わけですか？

佐藤東洋士守護霊　私はね。少なくとも、私はね。

綾織　ほう。そうですか。

佐藤東洋士守護霊　私はこだわるとしたら、そらあ、キリスト教だったら、「クリスチャン・サイエンス」とかは、「科学」、まあ、おたくと似たような「サイエンス」を付けてるけどねえ、別に、それで言われるとキリスト教だって困るからね。

●クリスチャン・サイエンス　1879年、メリー・ベーカー・エディによってアメリカで創設されたキリスト教系の新宗教。「科学者キリスト教会」、あるいは「キリスト教科学」とも称される。

そら、困るんですよ（苦笑）。

綾織　ああ、そうですね。

佐藤東洋士守護霊　「科学的に」と言われたら、困りますよ、本当は。

綾織　キリスト教の、では、「イエス様の復活」「三位一体《さんみいったい》」という教義がありますけれども、科学的に証明していますか。

佐藤東洋士守護霊　そらあ、困りますよ。そら、困りますよぉ。無理ですよ。そんな、無理ですよ。宗教は、基本的に、科学で証明なんかできるわけないですよ（苦笑）。

綾織　はい。そのとおりですね。

「霊言」に関する不可理由は「マスコミ向け」と認める

佐藤東洋士守護霊　科学は、この百年ぐらいじゃないですか。そんなもん、宗教は、二千年、三千年、あるいは、それ以上ありますから。

綾織　そうですね。

佐藤東洋士守護霊　そら、無理。基本的に無理ですから、（不可というのは）〝いちゃもん〟です、ただの。

綾織　あっ！　〝いちゃもん〟ですか。

佐藤東洋士守護霊　ああ、もう、こら、間違いなく、〝いちゃもん〟です。

綾織　ほお。

佐藤東洋士守護霊　ただ、まあ、会長としては、ちょっと言いにくいけども、〝いちゃもん〟は、確実に〝いちゃもん〟。

綾織　なるほど。

佐藤東洋士守護霊　ただ、「こうやったほうが、マスコミは理解しやすい」と思って、そういう言い方をしてるということです。

綾織　あっ、マスコミが理解しやすいように。

佐藤東洋士守護霊　そう。そのマスコミ、対象はマスコミです。

綾織　ああ。「マスコミ向け」のものがあるのですね。

佐藤東洋士守護霊　ええ。マスコミが、これを言ったら、「ああ。そうか、そうか、そうか。霊言でやろうとしてるんだな。そういう学問か。ああ、それで否定したんだな」ってなったら、説明が要らないと考えた人がいたということだね。

「某政治家が非常に復讐心を持っておられることが大きい」

綾織　うーん。なるほど。

これは、実際は、「霊言をもとに学ぶ」というよりも、大川隆法の思想が出ている「創立者の精神を学ぶ」という科目は、卒業に必要な百二十四単位のなかの四単位だけなんですね。これは、「人間幸福学部」と「経営成功学部」ですけれども。もう、わずかな部分で、全体を「ノー」と言う、そういう構造になっています。

佐藤東洋士守護霊　いやあ、もうねえ、それは、個人的には某政治家が……。

綾織　某政治家が……（苦笑）。

佐藤東洋士守護霊　某、いや、名前は出せないけども、まあ、私もちょっと、〝お手当〟の関係があるから、名前は出せないけども……。

綾織　ああ。なるほど。

佐藤東洋士守護霊　某政治家が、せっかく、許認可権を持ってて、有利に計らおうとすれば、できんこともない立場にあるにもかかわらず、「何カ月も前に、自分の守護霊の霊言を二冊も出され、攻撃を受けた」ということに対して、非常に復讐心を持っておられる、ということが大きいんじゃないでしょうかねえ。

綾織　なるほど。

里村　ああ、なるほど。

佐藤東洋士守護霊　うーん。

綾織　ということは、その某政治家の判断とは別途、「審議会の結論」というのが存在したのですか。

佐藤東洋士守護霊　いや、審議会っていったって、基本的に、〝雇われマダム〟ですからね。そらあ、そう言ったってねえ（笑）。

綾織　そういう、某政治家が、「こうすべし」というようなことを言ってくる前の時点での、審議会のなかでの議論というのは、どういう状態だったのですか。

佐藤東洋士守護霊　まあ、それは、いろいろあります。それは、いろいろあります。各人、いろいろな意見がありますから。

綾織　はい、はい。

佐藤東洋士守護霊　それは、「幸福の科学なんて、よく知らん」っていう人も、たくさんいますからね。そういう人が、そんなに理解するとは思わないところは、確かに、ありますけどね。

綾織　うーん。

佐藤東洋士守護霊　ただ、最終は、やっぱり、あちら（某政治家）のほうがお決めになるけども、（審議会の）答申を拒否したら、田中眞紀子《たなかまきこ》さんみたいになるのを知ってるので、「そうさせないようにする」っていうのを、もう最初から決めていたとは思われます。

綾織　では、今回は、政治家の意向に合わせたものを出されたわけですね？

佐藤東洋士守護霊　ええ……。まあ、それはいちおう、答申する前に、事前に全部、内諾は終わっているはずです。

綾織　はい。はい。

佐藤東洋士守護霊　うーん。

「実質審議を超えて〝異端審問〟にまで入っている」

綾織　審議会のなかでの議論としては、「ほぼ、オーケー（認可）でいいのではないか」という状態だったと理解してよいですか。

佐藤東洋士守護霊　いや、私はねえ……。いや、まあ、前半というか、あなたがたが言ったとおり、夏ごろまでは、「いや、幸福の科学っていうのは、ちょっと、けしからん」というような感じというか、「学問をなめてる」っていう感じを、ちょっと持ってはいたんですけどね。そういうふうに思ってはいたんですけども……。

綾織　そうですか。

佐藤東洋士守護霊　でも、いちおう、八月に出した、第二次の、こちらからの警告みたいな文書を見て……、まあ、普通、あれは、「もう取り下げてくれ」という意味なんですよね。

綾織　ああ……。

佐藤東洋士守護霊　あれは、「大学申請を取り下げてくれ」っていう意味で警告が出てるんですが、それでもさらに食い下がってきて、「絶対にできるはずがない」と思って警告した内容について……、まあ、ほんとは、「弟子につくれ」と言ってたことではあるんだけどね。

それを、教祖自らが、一個一個、全部打ち返して、内容を言ってきたっていう点については……、まあ、私もちょっとは、かすかには宗教心のある人間として申し上げるけども、それは、そういうつもりではなかったので、宗教団体の教祖に対して、非常にご迷惑をおかけしたなという気持ちは持ってます。私はね。

綾織　仮に、その……。

佐藤東洋士守護霊　ここまでしていただくとは思ってなかったので……。まあ、それは、二回とも、弟子の不明は責めていましたけどもね。「（弟子が）仕事をしてない」っていうことを責めてはいたし、その感じは、いまだに、少し残ってはおりますし、「学問をする人間としてのところができてない」っていう感じは持っていたけども、あれに対しては、とても恐縮するものがありました。自分ならできるかといったら、できないですので。それについては、恐縮いたしました。

まあ、霊言云々《うんぬん》に関しては、いろいろ議論があろうかと思いますが、ここまで入ったら、「実質審議」を超えて、何て言うか、宗教の〝異端審問〟まで入りますので。

綾織　ああ、そういうご理解ですね。

佐藤東洋士守護霊　それは、大学の形式的な認証の問題としては、やっぱり、「やりすぎだ」と、私は思ってます。

綾織　ああ。なるほど。

佐藤東洋士守護霊　それは、そうやったら、ほかの大学も、もたないです。

綾織　はい。

佐藤東洋士守護霊　これをやられたら、もたない。

綾織　桜美林大学も同じですよね。中身に入ってくると……。

佐藤東洋士守護霊　まあ、どこだってもたない。ほかのところも、もつとは思えないから……。

綾織　はい。

## 3 「某大臣」と「某省」の意向がある？

### 今回の答申には「大臣の鉛筆が入った」

佐藤　先ほどからお話を伺っていますが、「佐藤さん個人のお考えというのは、答申された、この内容ではない」ということなのか、結論をお答えいただければと思うのですけれども……。

佐藤東洋士守護霊　うーん。いや、それは、不十分なところはあったと思うし、ほかの審議委員にも、「不十分だ」という意見を言う人は、最後まで残ってましたよ。ただ、「開校前に、全部、かっちり揃える」っていうのは、そんなに簡単なことではありませんのでね。

最初は、そう言っても、よちよち歩きから始まるのは当然でございますので。だいたい、その力量とか、傾向性とかが、どんなのかっていうのを見るところですよね。だから、それだけですけども……。

いやあ、この速度で打ち返してきたのを見たら、はっきり言って、「あっという間に、大学のカリキュラムの内容を詰めてくる実力があるな」っていうのは、もう、分かりました。

佐藤　そうしますと、審議会のお考えとしては、「当初は反対だったけれども、賛成という方向に行っていたのではないか」というように考えているのですが……。

佐藤東洋士守護霊　うーん。

佐藤　先ほど、冒頭でお話しくださいましたけれども、「審議会」と「文科省の役人、あるいは大臣」、この関係や仕組みが、非常に不透明でして……。

佐藤東洋士守護霊　そうなんですよ。だって、そうつくってある。それでつくってある。

佐藤　「どういう仕組みで審議会が判断されているのか」ということが、全然、分からないのですが……。

佐藤東洋士守護霊　不透明につくってあって、まあ、ほかのところは、諦めてくれるのでね。たいていのところは。

綾織　はい。

佐藤東洋士守護霊　うん。うん。

佐藤　今回、これは、「審議会が不可とする理由」として書かれたようなかたちになっているのですけれども……。

佐藤東洋士守護霊　うん。もちろん、大臣の鉛筆が入ったうえでね。

里村　鉛筆が入っている？

綾織　それは、実際に書いている状態ですか？

佐藤東洋士守護霊　いやあ、気持ちがだいぶ入ってるでしょうね。

綾織　「こういう内容にすべし」というものも入っている？

佐藤東洋士守護霊　ヘッへへ（笑）。私じゃない。それ以上はもう勘弁、勘弁、勘弁……。

佐藤　審議会の委員はこれを書かないと思いますけれども、「では、誰が書いているのか」という話になりますが。

佐藤東洋士守護霊　え？　まあ、〝私が書いたこと〟にされてるんだろうとは思いますけども……。まあ、書いたのは役人でしょう。そら、書いたのは役人だと思いますけどね。

佐藤　ええ。「役人が書いた」と。それは、もちろん、そういう意味で話されたと思うのですが。

佐藤東洋士守護霊　もちろん、そう。役人でしょうけどね。

佐藤　それを書いたときの考えのなかには、政治家の考え方が入っているのでしょう。こういうご趣旨であるということですね。

佐藤東洋士守護霊　ええ。まあ、「これで通じるということならどうぞ」という。こちらとしてはね。

審議会で「多数決」も「決議」もなかった？

佐藤　審議会としては、こういう文書が出てきたときに、この内容で出すかどうかについて、例えば「決議する」などといったことはされなかったわけですか。

佐藤東洋士守護霊　ああ、それは、信仰心のある人ばっかりじゃありませんから。まあ、十五人、少なくとも。

佐藤　今回、これは決議をされたわけですか。

佐藤東洋士守護霊　ええ？　うーん、「決議をされた」っていうか……。まあ、そんなんじゃないんですよ。「事務連絡」なんですよ。

里村　事務連絡？

綾織　連絡が来るだけですか？　「こうなりました」と。

佐藤東洋士守護霊　ええ。まあ、「こういうふうになりました」という事務連絡は通知するということ。

佐藤　そうしますと、普通、「審議会がこうして答申をしました」ということになると、例えば、多数決をするなり、全員一致で手を挙げるなりしているものだろうと、世間は見るのですけれども、「まったくそうではない」とお答えいただいているということですね。

佐藤東洋士守護霊　まあ、これ、やだなあ。首筋がちょっと、あの……。

「財務省との予算のせめぎ合いがあった」

佐藤　いや、今日は「インサイド・レポート」ですから、インサイド（内幕）のところをお話しいただかなければいけないわけですけれども。

佐藤東洋士守護霊　ああ、本来ねえ。まあ、うちは、ほかの大学との関係もちょっとあったからね。ほかにもたくさんあって、不認可になったところもあったし、認可したのもあるんで、ちょっとあったけど。

まあ、とりあえず、何て言うの？　誰かさんの守護霊が言ってたようにだね、財務省との「予算のせめぎ合い」があったことは事実で、ある程度、〝クビ〟を出さなきゃいけないっていうところはあって、ちょっと削減してみせたところも、少し出さなきゃいけない。「どのクビを差し出すか」っていう選択の問題ではあったわけですよ。

佐藤　それは、その審議会が判断されることではないですよね？

佐藤東洋士守護霊　いや、そうじゃない。ない、ないです。「上」から、そりゃ、

「上」から……。

佐藤　ですから、今、伺っているのは、審議会はどういう手順で、これを審議会の責任として出されたのかということなんです。

佐藤東洋士守護霊　うん。

佐藤　今のお話を聞いていると、「単に事務連絡があって、役人が書いてきた文書が回ってきただけですよ。審議会の場で意見は言ったけれども、それだけです」というふうに聞こえるのですが、それでよろしいのでしょうか。

「審議は尽くした」が、「大きな意向」が働いた

佐藤東洋士守護霊　いや、まあ、そういう、ヘッへへへ（笑）。いやいやいや、審

議は尽くしましたよ。まあ、尽くしました。

佐藤　「審議を尽くした」とは、どういう……?

佐藤東洋士守護霊　ああ。まあ、一万九千ページも来た(申請)書類ねえ。あ、全部読んだ人は一人もいないと思いますが、少なくとも、私は百九十ページぐらいは読んだ覚えがありますから。うん、うん。

綾織　百九十……。これまでの大学設置審議会の答申では、もっと個々のカリキュラムを見て、「ここの箇所がどうだ」ということを一個一個指摘して、その上で「不可とします」となるのが普通だったと思うのですが、今回はかなり特殊なケースですよね。答申には不可の理由がワンポイントだけで。

佐藤東洋士守護霊　だからねえ、もう、内容がね、「新しい学問をつくる」っていうような提案だったから、誰も経験がないことばっかりだったんですよ、はっきり言って。

だから、全然基準がない。「基準もなければ前例もない」というのを判断しなきゃいけないっていうことで、「誰も、まったく責任も権限も、能力もない」っていう状態であったのは事実ですね。

里村　ただ、答申には、そうは書いてなくて、創立者である大川隆法総裁の教義、しかもまた「霊言」という部分を大きく取り出して、論点をすり替えていますよね。

佐藤東洋士守護霊　それは、まあ、「大きな意向」が働いてはいるでしょうねえ。

里村　大きな意向？

佐藤　つまり、審議会としては、ここに焦点を当てて議論をして、「ここが問題だから不可とすべきだ」という議論をされたわけではありませんね？

佐藤東洋士守護霊　それはやっぱり、〝いちゃもん〟だと思いますよ。〝いちゃもん〟だと思う、単なる……。

里村　いちゃもん？

佐藤東洋士守護霊　ああ、うん。

佐藤　それは、「役人側が書いた」ということですか。

## 「宗教系の大学が絶対に成り立たない論理だ」と認める佐藤氏守護霊

佐藤東洋士守護霊　だから、前回の八月八日に二回目の通知をした段階では、「（カリキュラムに）『創立者の精神』と書いてあるが、何を学ぶのかが何も分からない」とか、「『基本教学』と書いてあるが、何をするのかがさっぱり分からない」という……。

それは、まあ、おたくの書類の不備もあるかもしれないけど、「分からない」って（こちらが）言ったら、それを教祖自ら、分かるような内容を出してきた（八月十九日に発刊した『幸福の科学大学創立者の精神を学ぶⅠ（概論）』『幸福の科学大学創立者の精神を学ぶⅡ（概論）』〔共に幸福の科学出版刊〕参照）。

そうしたら、今度は、「宗教そのものを大学で教えようとしている魂胆だろう」みたいな感じに取って、それを使ったということで、どれをどうしたって、〝いちゃもん〟なんですよ。

里村　本当に認めていらっしゃいますけれども、例えば、桜美林大学さんのほうでも、建学の精神に、「キリスト教をみっちり教え込む」と、そこまではっきりと書いてあるんです。

佐藤東洋士守護霊　そんなの、当たり前ですよ。当たり前ですよ。「『創立者の精神』のなかで霊的なことを認めているから、大学は認められない」なんてねえ、そんなの、目茶苦茶《めちゃくちゃ》な論理ですよ。

里村　めちゃ……（笑）。

佐藤東洋士守護霊　そんなの、宗教系大学は絶対に成り立ちませんよ。

里村　成り立ちませんね。

綾織　全部成り立たないわけですね。

佐藤東洋士守護霊　当たり前でしょう。「唯物論（の大学）しか建てられない」っていうことになる、そんなの。

里村　仏教系大学も、どこでもそうですね（笑）。

佐藤東洋士守護霊　それは中国だけです。「孔子学院」しかありえない。まあ、それはねえ（笑）。

里村　うん。

私も、さすがに、そこまでねえ、野暮じゃない。

綾織　ほう。

佐藤東洋士守護霊　うん、これは嘘じゃない。

十七万五千人の嘆願書に文科大臣が腹を立てた？

佐藤　そうしますと、「分科会の会長として、これを文科省に出した」ということになっているわけですが、その責任をお取りになれる内容なのですか。

佐藤東洋士守護霊　ああ、いやあ、だから、（前にあった）霊言の内容を具体的に言うのは、ちょっと忍びないけども、「刺し違える」とかいうような恐ろしいことも、ちょっと一部にはあったようですから、「刺し違えるなら、どうぞ、そちらの雲の上のほうで戦ってください」という……。

綾織　ただ、答申自体を出した責任は、地上のあなたご自身にあるので、これについて、例えば、地上で私どもに説明する責任はありますよね。

佐藤東洋士守護霊　結局は、大臣に対して、這《は》いつくばって、股くぐりして、お願いして、お願いして、それで、「今後、もっともっと、いろんな支援をする」みたいなのを積み上げていかなきゃ。要するに、もう「政治献金」と一緒よ。「政治献金」や「票の取りまとめ」と一緒よ。

綾織　それを求めているのですか。

佐藤東洋士守護霊　嘆願書なんていうのを、内閣府に送っただろう？　なんか、五日で集めて、十七万だか……。あんなのに腹が立ってるのよ。すごい、すごい怒ってる。（注。二〇一四年九月一日、幸福の科学大学建立推進委員会の代表者が、約十七万五千人分の「幸福の科学大学開学を求める嘆願書」を内閣総理大臣宛に提出した）

綾織　ああ、それ自体に腹を立てている？

佐藤東洋士守護霊　うん、うん。セクショナリズムで怒ってんのよ。「文科省を応援します。大臣を応援します。お願いします」っていうので、こっちに来るんだったら〝票〟になるけども、あちら（内閣府）へ行ったら、「（文科大臣を）クビにしてくれ」と言っているように聞こえるよね？

里村　ああ……。

綾織　では、「霊言」のところと、その「嘆願書」に腹を立てて……。

佐藤東洋士守護霊　「クビにしろ」と言っているように見えるわねえ。うんうん。

綾織　それで今回、こういう方向性で結論を出したわけですか。

佐藤　それは、推定ですか。

佐藤東洋士守護霊　え？

佐藤　推定ですか。

佐藤東洋士守護霊　いや、まあ、そんな……。

佐藤　それとも、今、実際に、役人なり大臣なりから、そういった話を、漏れ聞いたことがあるのですか。

佐藤東洋士守護霊　うーん……。少なくともですねえ、九月の始めぐらいのですねえ、岸田さんとか……、ああ、いや、外務大臣の岸田さんとか、それから、何て言いますか、某大学関係の大臣とかが、いったん、幹事長候補とかに出たけど、すぐにスッと消えましたよねえ?

綾織　はい。

佐藤東洋士守護霊　それから、なんか、オリンピック担当のほうも外されてきて、ねえ？　スポーツ庁のほうも、後回しになったりして、ジワジワと狭められてきてはいますよね？

里村　はい。

佐藤東洋士守護霊　これは、やっぱり、そうは言っても、「政界のなかでの権力闘争の力学は、何か動いているんだろうな」とは推測しています。

里村　ええ。

佐藤　そうしますと、結局は、先ほどお話しされた話というのも推測ですか。

佐藤東洋士守護霊　え？　え？　何？　何？　何？

佐藤　例えば、「十七万五千人の嘆願書が上がったことについて腹が立っている」というのは、何か、お聞きになったことがあるんですか。

佐藤東洋士守護霊　とにかく、あんまり……。いやあ、そらあ、まあ、噂レベルだけども、文科省に、何かネックがあるように見えなくはないですよね？

佐藤　噂レベルで聞いたと？

佐藤東洋士守護霊　江戸時代だったら、直訴したりするにも、無礼討ちとか切腹とか、いろいろなことを覚悟の上でやらなきゃいけないね。
「年貢をまけてくれ」と言うにも、村長は、殺されるのを覚悟で直訴しに来るでしょうからね。それをしたっていう以上は……。

綾織　この直訴はまかりならんと。

佐藤東洋士守護霊　ああ。まあ。

## 4 「不適切な行為」とは、何を指すのか

「許認可権限を持っている者を名誉毀損した」のが「不適切な行為」？

綾織　その部分で言いますと、その直訴のところに対して、「不適切な行為があった」とおっしゃっていると思うのですが……。

佐藤東洋士守護霊　うん、「不適切な行為」の原点としては、そりゃねえ、「許認可権限を持っている者を名誉毀損した」ということが、「不適切な行為」の原点なんじゃないですか。たぶん。

里村　ですが、これに関しては、分科会、審議会のほうが、「不適切だ」と報告し

たかたちになっているのですよね？

佐藤東洋士守護霊　うん、まあ……。

里村　では、このご報告は、ご本人の意向を受けての〝あれ〟ですか。

佐藤東洋士守護霊　いやあ、「不適切な行為」としてはですねえ、別の政治家も絡めて、大学関係者らが文科省にクレームをつけたり、まあ、「上から目線で」という言葉を使われていましたけども、いろいろと偉そうに言ったりしたようなことが、本来、「お上」に対して盾突く行為であり、そういうことが「不適切だ」っていうことだ。

佐藤　ですが、何度も言いますけれども、これは、審議会が挙げられた理由ですよ。

佐藤東洋士守護霊　へへへ、エッへへ……。

佐藤　審議会の責任者は、あなたですよ。

佐藤東洋士守護霊　まあ、まあ……。

綾織　いや。「不適切な行為」って……。

佐藤東洋士守護霊　私は、「お上《かみ》」じゃないけどね。だけど、「お上」に委嘱《いしょく》されたっていうか、仕事を委嘱されて……。

佐藤　そうすると、「お上の代弁をして、審議会の意見として書いた」というように理解すればよろしいわけですか。

佐藤東洋士守護霊　だから、お上が責任回避する代わりに、〝お手当〟が出てるということでしょう？

佐藤　要は、そういうことですね。

綾織　この「不適切な行為」というように指摘した部分に関しても、某大臣からの意見がストレートに入っているわけですね？　この守護霊の霊言を送ったと……。

佐藤東洋士守護霊　いやあさあ、それは、まあ……。

綾織　これは、もう送ったと。

佐藤東洋士守護霊　いや、何重にも組織はあるから、そらあ、直接かどうかは分からないようにするのが普通ですから。

## 大学側が提出した文書は読まず、「話を聞いただけ」

里村　ただ、佐藤さん個人としては、どうなんですか？　「不適切」だと思われますか。みなさんが、よく分からないだろうから、こちらもいろいろな資料を出したわけです。

佐藤東洋士守護霊　もちろん、献本とかをされて、嫌な思いをする審議委員もいただろうとは思いますよ。それはいた。

佐藤　あなたご自身はどうなんですか。推定は結構ですから。

佐藤東洋士守護霊　いやあ、私は、そんなに本は読まないから（笑）。まあ、別に、あの……。

里村　文学部の先生でいらっしゃいますよね。

佐藤東洋士守護霊　いや、忙しいですから。実務が忙しいので。

佐藤　先ほど、「百九十ページぐらいは読みました」と言われていましたが。

佐藤東洋士守護霊　いや、それは、まあ、まあ、まあ、もう……。

佐藤　添付文書で、嘆願書の一部が付いて出されているはずです。幸福の科学学園の生徒たちが一生懸命に書いた嘆願書とかは読まれましたか。

佐藤東洋士守護霊　ああ、そういうのは、要するに、正規の交渉ルートではないので。

佐藤　いや、ちゃんと申請の補正文書のなかに、添付資料として付いているのですから、これは公式に出された文書です。

佐藤東洋士守護霊　いや、なんか、桜美林大学のホームページの写しの写真まで添付されとったたっていう話も……。

佐藤　「話を聞いただけ」で、読まなかったわけですか。

佐藤東洋士守護霊　なんか、「学内で伝道禁止」みたいな、そんな特定の大学を狙った添付文書まであったという説もあって。そういうのも、「不適切な行為」と見られたかもしれないねえ。

里村　では、この「不適切」というのは、ご自身の意見なわけですね。

佐藤東洋士守護霊　そうだね。たまたま、そういうことになるねえ。

佐藤　いや、ちょっと待ってください。今、「読んだのではなくて、聞いた」というようなお話でした。

佐藤東洋士守護霊　え？　え？　え？

佐藤　読んでいないわけですか。

佐藤東洋士守護霊　え？　何がですか？

佐藤　いやいや、補正文書として、きちんと残すように出しているわけですが。

佐藤東洋士守護霊　まあ、どれを読むべきかっていうことは、役人が示してくれるので。全部読めるわけじゃないから。

## 「結論が出ていないのに動くのが不適切」なのか

佐藤　では、出されたなかで、「選ばれたもの」だけしか読んでいないとなると、先ほどから伺っている嘆願書は、実際に目にしていないわけですか。

佐藤東洋士守護霊　そんなの、全部見るわけないでしょう。

佐藤　いや、全部ではなくて、一部セレクトしたものが付いて出されているわけですから。

佐藤東洋士守護霊　そらあ、何枚かぐらいは付いてるでしょう。

佐藤　でも、読んではいないと。

佐藤東洋士守護霊　読んだかもしれないけど、覚えてるわけないでしょ。

佐藤　十七万五千という嘆願書が出た事実について、あなたはどうお考えですか。

佐藤東洋士守護霊　読んでない。十何万も読んでないから知らないよ。

佐藤　数字だけで結構です。

佐藤東洋士守護霊　やっぱり、ちょっと「異常性」がありますよね。

佐藤　異常というのは？

佐藤東洋士守護霊　そんなことがあるということ自体が、異常ですよ。

綾織　いや、それだけ熱望しているということですよ。

佐藤東洋士守護霊　いや、それじゃなくて、「不信感」がある。「政治不信」があるっていうこと。

綾織　いえ、いえ、いえ。政治不信ではないです。

佐藤東洋士守護霊　「政治不信」と取るわけですよ。

綾織　いや、まっとうな判断をしてほしいというだけですよ。

佐藤　全国、全世界で十七万五千の方が望んでいるんですよ。

佐藤東洋士守護霊　だから、一般的にルールとして、「審議会が審議・結論を答申に出すまでの間、一切、不透明で分からない」ということが建前なんですよ。だけど、「すでに結論を知ったかのごとく、動いてる」じゃないですか。おたくの動き方が。これが不適切だと言ってるんだ。

結論が出てないことになってるわけですよ、十月の終わりまでは。出ないことになってるわけだけど、すでに不認可が出たかのような動き方をずーっとしてるんですよ、ここ数カ月。

綾織　いえ、努力の一つですよ。

佐藤東洋士守護霊　ああ。

佐藤　「それが不適切だと考えた」と、今この場でおっしゃっていると、これは記録に残りますが、よろしいですね?

佐藤東洋士守護霊　うーん、まあ、うーん……。

佐藤　その場かぎりの話ではなくて、責任を持って発言していただかないといけないですから。

「最高責任者を侮辱したのが、いちばん不適切だった」

佐藤東洋士守護霊　まあ、いちばん大きい「不適切」なのは、まあ……。「実質判断に入る前に最高責任者を侮辱した」っていうことが、いちばん不適切な行為ではありましょうがね。

里村　侮辱？

綾織　侮辱というよりも、まあ、細かく言うと、下村さんの名前を出してしまいますけど。

佐藤東洋士守護霊　ああっ。

綾織　下村さんの守護霊が、勝手にこちらに来たんですよ。こちらは迷惑だったんですよ。

佐藤東洋士守護霊　いや、「科学的に実証されてない」っていう部分は、そこのところだから。

綾織　いや、宗教的な真実ですので、そのようにお伝えするしかないのですけども、こちらの宗教活動の妨害だったんですよ。

佐藤東洋士守護霊　ただ、守護霊が来ただの、生霊が来ただのということを、学問的な大学の審議を左右する材料として使われることは、極めて前例がないことであるので。

綾織　では、それを外して考えればいいではないですか。

佐藤東洋士守護霊　多少、陰陽寮《おんみょうりょう》（平安時代の陰陽道を司った役所）に入れるかどうかの資格審査をしてるみたいな、時代を……。

里村　いや、それは関係ない話です。

綾織　それ自体は審査するわけではないじゃないですか。

佐藤東洋士守護霊　ああ。

里村　それは、宗教活動における信教や言論の自由に基づく行動ですよ。
「宗教と大学の区別がついていない」のは桜美林大学も同じ?

佐藤東洋士守護霊　だから、「宗教」と「大学」との区別がついてないからさあ、おたくの場合。

里村　おっ。

佐藤東洋士守護霊　そのへんがちょっとね、分からない部分がね、ごっちゃになってるから。

里村　いや、そういうことであれば、桜美林大学だって同じになりますよ。

佐藤東洋士守護霊　いや、今、大学として、いちおう建ってるから、別に。

里村　ただ、「建学の精神」として、いまだにホームページでしっかり書かれています。「キリスト教主義に基づく教育をしっかりやるんだ」と。

佐藤東洋士守護霊　いやあ、桜美林大学がキリスト教だっていうことさえ知らない国民は九十九パーセントいますから。

里村　「キリスト教主義に基づく教育」と、はっきりと謳《うた》っていらっしゃいますから。

佐藤東洋士守護霊　うーん、まあ……。

## 「霊言集を学問にしようとしている」という印象操作

佐藤　ご自分が大学の責任者をやっておられる関係で、あなたが責任者で出された文書ですよ。今回の審議会の理由の文書ですよ。

佐藤東洋士守護霊　いや、別に、それは署名捺印したやつを、あなたがたに配ってるわけじゃないから。

佐藤　ええ、署名捺印してるわけではないけれども、あなたが責任者として文科省に提出したのでしょう?

里村　あなたのお姿が昨日のＮＨＫのニュースに流れていました。

佐藤　この世で考えたときに、「あなたは桜美林大学の責任者として、このような内容の文章を書いて恥ずかしくないのか」と言われたら、抗弁できますか。

佐藤東洋士守護霊　うーん……。だから、一般人の多数で言えば、「霊言集を学問にしようとした」と見える言い方にすれば、「ああ、それは不認可でもしょうがないな」と、だいたい思うというところに、みんなの知恵が集結したということでしょう。

綾織　印象操作ですよね。

里村　それは、印象操作、情報操作ですよね。

佐藤東洋士守護霊　うん……。

## 5　幸福の科学大学「不認可」は〝見せしめ〟

### 「某大臣以外」が、世間受けする〝見せしめ〟をやった？

綾織　教えてもらいたいのですが、これは某大臣の個人的な……。

佐藤東洋士守護霊　いや、私の力では、これはもう乗り切れないもんですから。ダムの放水みたいなもんだから、それはもう乗り切れない。

綾織　今回の答申の内容を決めたのは一人なんですか。

佐藤東洋士守護霊　だから、今回は、幾つかの大学を〝落とさなきゃ〟いけなかったのはあるので。
まあ、世間受けするっていうか、そういう「選挙対策用」になりそうな〝あれ〟と、「財務省が通しやすいような案件」と、あるいは落としといて〝見せしめ〟にするものだね。
要するに、落とされたところは〝見せしめ〟なんですよ。

綾織　ああ。見せしめ。

佐藤東洋士守護霊　「財政再建が必要だ」ということで、〝見せしめ〟のために落としているわけなので。
私の想像ですけどね、「幸福の科学大学を落とせばワアワアと騒ぐだろうから、国の予算がよっぽど逼迫《ひっぱく》しているんだというふうに解して、増税やむなしなのかなと考えるだろう」と画策した賢い人は、どこかにいるかもしれないな。

里村　うーん。

佐藤東洋士守護霊　それは、誰かは知らない。

綾織　増税に絡むとなると、文科大臣ではない可能性があるということですか。

佐藤東洋士守護霊　私は関係ないからね。言っとくけど、それは関係ないからね。

里村　今、綾織が訊いたのは、冒頭から出ている某大臣以外ということです。

佐藤東洋士守護霊　うーん。

里村　どうも最初から聞いていますと、某大臣一人に一生懸命、そちらの責任を集約させようとされていますが、誰かほかに絡んでいるのではないですか？　別の省の大臣とかです。

佐藤東洋士守護霊　うーん、だから、自民党のなかだって、今はもう「解散」や、「次期総裁を誰にするか」とか、力比べをそうとうやってますからねえ。それはねえ、どこがどう働いているかはよく分からないですよ。

まあ、役人だって、誰が上になろうと生き残れるように〝遊泳〟してますしね。

「財務省」か「首相官邸」が絡んでいる？

綾織「消費税」とか、そういう問題になってくると、直接的には財務省か、あるいは、首相官邸が絡んだところというふうになってしまうんですけどね。

佐藤東洋士守護霊　だから、今回はこの一週間以上、政局絡みで「大臣の辞任」とか、いろいろスキャンダルが入ったでしょ。

綾織　はい。

佐藤東洋士守護霊　これで自民党のほうが弱気になって、「あなたがたを通すほうに出るか、あるいは、さらなるマスコミの追及を避けるためには、ここ（幸福の科学大学）を却下しておいたほうが有利で、火の粉が掛からないで逃げ延びれると見たか」、そのへんの判断をした人は、どこかにいるでしょうね。

綾織　「自民党」というふうに、先ほどおっしゃいましたね。

佐藤東洋士守護霊　自民党のなかにはいるでしょうね。

綾織　ああ、なるほど。

佐藤東洋士守護霊　たぶんね。これは、私らには分かることではありませんけども。

綾織　大臣だけではなくて、自民党としての判断があるということですか。

佐藤東洋士守護霊　だから、「これ（幸福の科学大学）を認めないほうが逃げ切れる」と見たほうが……、（マスコミが）大臣二人から、あと三人、四人と首を取ろうと攻めてきてますよね。それから不祥事がいっぱい出てきてますからねえ。これは、政局になる可能性、解散の可能性はありますけど。

これでさらにもう一つ、文科大臣……、いやいやいや、「某大臣の首まで取る」というような運動でも起きたら、ちょっとあれだけど。「どっちが怖いか」という判断をして……。

まあ、今の政局の感じで言ったら、週刊誌ぐらいの記事ぐらいでけっこう国会で追及してくるから、それでテレビが報道したり、新聞が書いたりすると、クビになりますので。

だから、「まず週刊誌に書かせない」ということも大事なので、書かせないという感じでいれば、不認可にしたほうが（週刊誌に）書かれにくいっていうか……。

綾織　そのへんの判断になると、これは……。

佐藤東洋士守護霊　ちょっとこれは、もう、私の力を超えてますからね。このへんになると。

## 「今回の答申は、政治判断そのものだ」

綾織　これは推測になるかもしれないですが、そういう総合的な判断ということになると、自民党のなかというよりも、首相官邸ということになって、官房長官や首相も絡んでくる判断に聞こえてしまうのですけれども。

佐藤東洋士守護霊　まあ、首相っていうのは、自分が判断していないように見せて、ほかの人が進言してやってるように見せるようにできる人でないと、なれないので。周りがそういうふうに、だんだん進言したように見せるような〝刷り込み能力〟を持っていないと、（首相に）なれないらしいからね。

綾織　そこの議論がどうなったのかは分かりませんけれども、そういう諸々の情勢のなかで、総合的な判断が出ているのではないかと？

佐藤東洋士守護霊　だからなあ、某大臣が幸福の科学とのパイプになって、こちらのほうを操作しつつ、票を集めたり、政治活動を応援させたりする力があると思ってたときは、某大臣は使い道があったわけですよ。

だけど、本（『文部科学大臣・下村博文守護霊インタビュー』『文部科学大臣・下村博文守護霊インタビュー②』〔共に幸福の科学出版刊〕）を出されたことによって、「某大臣が、どうも教団のほうから、不信任を突きつけられてるらしい」っていうことがばれてしまったので、「某大臣が使えない」ということになると、〝賞味期限〟が切れてきたわけね。某大臣のね。某大臣は役職にしがみついてるわね。

どっかの〝大御所〟はだねえ、その人を通じて幸福の科学をコントロールできてて、つかんでると思ってたが、「これはつながってないんだな」ということが分かったと。「大御所にそれを知られた」という罪が「不正行為」に当たるわけですよ。まあ、その人から見ればね。

里村　それが「不適切な行為」ですか。

佐藤東洋士守護霊　これは、実に「不適切な行為」だと。

里村　となると、今回の答申は、政治的判断ですよね？

佐藤東洋士守護霊　そのものだ。そのものです。これを私が言うのはおかしいけども。

もちろん、異論は……、学者の間では、学識経験者内では意見はいろいろと分かれたから、完全に全員が合致したっていうわけじゃありませんけどね。

## 6　さらに「中国」が絡んでいる？

### 「佐藤氏と中国との深い関係」を探る

里村　今、政権中枢のかなり高いところまで話が行きましたが、もう一つ、別の角度から教えていただきたいと思います。「中国との関係」についてはどうですか。

佐藤東洋士守護霊　はあ！　そっちも訊いたか……。それも関係あるんです。

里村　私もよく存じ上げています。桜美林大学さんには、中国人留学生が多く、留学生の日本語スピーチコンテストなどをやっていらっしゃったんですね。

佐藤東洋士守護霊　（舌打ち）きついなあ。きついなあ。君はもの知りだなあ。

里村　いえいえ。しかも、お名前が佐藤東洋士さんで、北京《ペキン》生まれです。以前、「義和団」の「義和」という字を使った東大教授の守護霊にも来ていただいたこともあったのですが、あなたは、孔子学院から賞までもらっています。

佐藤東洋士守護霊　いやあ……、きついところを攻めてくるねえ。

綾織　それは、あなた個人に対して、何か働きかけみたいなものがあるのですか。

佐藤東洋士守護霊　ヘッへ。ああ、きついなあ。

綾織　つながりとしては、あまりにも分かりやすすぎます（笑）。

佐藤東洋士守護霊　ヘッヘヘヘヘ（笑）。これを隠すのは難しいなあ。すごく難しい関係なんだけども。

綾織　まあ、そうです。もう、全部、残っていますからね。

里村　と申し上げますのも、十一月のＡＰＥＣ《エイペック》（アジア太平洋経済協力会議）で、日中首脳会談がささやかれています。このタイミングで……。

佐藤東洋士守護霊　まあ、そうなんですよ。改造内閣以降ねえ、中国にすり寄っていってるからねえ。それは、いろんなルートを使うわねえ。いろんなルートを使うので。

綾織　あなたのルートもある？

佐藤東洋士守護霊　まあ、私は学者としては二流ですよ。はっきり言えばね。自分でも認めますけど、二流か、三流でしょうよ。

だけども、学者にしてはですねえ、「政治家ではないけども、政治家に近いような動きができる」というところが、ちょっと評価されてるんですよ。使い道としてね。いろいろなパイプや人脈をつくったり、運営とかに、いろいろと渡りをつけたり、別な話をつけたりするような能力があるところが評価されて、文科省に重用されてるわけで。

学者としては、そらあ、二流、三流ですよ。実績的にはね。

綾織　あなたに対して、中国の人がささやいたりすることがあるのですか。

佐藤東洋士守護霊　いやあ、逃《に》がしてくれないんかあ。やっぱり。

里村　いやいや。ほんとに、「インサイド・レポート」ですから。

佐藤東洋士守護霊　（舌打ち）「インサイド・レポート」っていうのは、「コリアレポート」みたいな……。

里村　いえいえ。

佐藤東洋士守護霊　なんか、どっかで聞いたような、あったような気がする。

「北京政府は幸福の科学を完全にマークしている」

里村　実際に、そういう働きかけがあったのでしょうか。幸福の科学は、非常に中国に対して厳しい見方をしていますから。

佐藤東洋士守護霊　いやあ、もう、（幸福の科学は）完全に北京政府からマークされてます。はっきり、マークされてます。「思想」や「関連する人脈」まで、全部調べ上げてきています。それから、「動き」もそうです。

私なんかが、中国から賞をもらうのは、中国に貢献したからであって、あなたが通してもらえないのは、中国に対して、非常に厳しいことを……、まあ、「政治でもない宗教の立場で、まるで法輪功《ほうりんこう》みたいなことをやっとる」という認識は持ってはいるわけですね。

綾織　法輪功とは、全然違います。中国関係者や政府関係者からそういう話が来ているということですか。あなたを通して。

佐藤東洋士守護霊　まあ、「話が来てる」っていうわけではないけど、今、「日中を近づける」という意味で、幸福の科学の香港《ホンコン》支部が、ちょっと、「香港の学生デモの、兵站《へいたん》部分を支えてるんじゃないか」っていう疑いを持ってるんですよ、中国政府のほうが。

綾織　まあ、「兵站」といっても、いろいろありますのでね。精神的なものもありますし……。

里村　もちろん、民主化運動を支援されている方は、香港の経済人にもたくさんいます。

佐藤東洋士守護霊　それに、（幸福の科学の）本もやたら出してますので、「これが攻撃部隊になってるんじゃないか」というようには見ているわけで、「何とかして、これを潰さなきゃいけない」という動きは、政治的にはあるみたいですね。政治・外交的にはね。

綾織　では、政治ルートで、今回、安倍さんと……。

「安倍首相は中国に対するスタンスを変え始めている」

佐藤東洋士守護霊　ところが、安倍さんの心がね、（あなたがたは）安倍さんの応援しているつもりでいたんだろうけれども……。いや、いや、「安倍さん」って名前を出しちゃいけないんだ。

〝大御所〟の方が、中国包囲網をつくっておりながら、あまり長く疎遠になりすぎると、やっぱり、批判が周りから出てきたり、経済界からも、「ちょっと困るんですけど」「不況になりますけど」というような声が出てくるので、少し緩めなきゃいけない部分があるから、だから、安倍さん……。ああ、いや、大御所はだねえ、使えるときは使って、使えないときは捨てる人だから……。

綾織　なるほど。

佐藤東洋士守護霊　だから、今はちょっと、自分がやるんじゃなくて、ほかのルートから、「こちら（幸福の科学）のほうを締めてもらいたい」っていうのが来て、また、連立してる政党も……。

綾織　ああ、公明党と連立しているから。

佐藤東洋士守護霊　「中国との架け橋」を目指しているところですからねえ。

綾織　では、その「大御所の方」と、連立相手の「公明党」とのトータルの判断ができていると？

佐藤東洋士守護霊　だから、何とかして、パイプをつくろうとして、今は、福田《ふくだ》さん、元総理を送ったり、まあ、いろいろしてるんでしょう？

綾織　そういうことですね。

佐藤東洋士守護霊　よっぽど苦しい状況なので、だから、あなたがたが「応援していた」と思って、援護射撃してたつもりでいたのが、気がついたら、「援護してた人がいなくなっていて、あなたがたが前面で弾を撃ってた」っていうかたちになってるわけで……。

里村　もう、今、総長の守護霊さんがおっしゃったのは、非常に流れとピッタリ、時期的にも合います。

六月ごろより、日本側からも中国に対して働きかけが始まり、七月に福田さんが谷内《やち》さんと一緒に、ある意味で、総理の特使として行かれたりしていますので、もうおっしゃるとおりの流れです。つまり、「日中がグーッとまた近づいていく流れのなかで、急に、幸福の科学大学の申請に対して厳しいものが出てきた」と。

佐藤東洋士守護霊　うん。中国は全部調べてますので、「これで不認可になる」ということは、「この政権は、反中国的なところに対しては、大学というような特権を与えない」っていうことが分かるじゃないですか、メッセージとして。

里村　はああ！　そこが狙い？

綾織　それが中心的な理由ですか？

佐藤東洋士守護霊　いやいや、中心かどうかは知らないけども、少なくとも「メッセージ」としては、向こうもちゃんとつかんでますから……。

綾織　ああ。では、某大臣の「私怨《しえん》」と言っていいような部分、「お怒りになった部分」と「対中国との関係、見え方」、ここがやっぱりキーに……。

佐藤東洋士守護霊　うーん、安倍さん……。ああ、いやいや、「大御所がちょっと・・・・・・・・・・・スタンスを変えてきている」ということはあるということだね。

綾織　ああ。

佐藤東洋士守護霊　だから、まあ、「完全無責任体制に入ろうとしている」ということだと思う。

「〝大御所〟は援護射撃してくれた人を使い捨てる傾向がある」

綾織　では、「文科大臣のところ」と、その「某大御所のところ」と、この二つですね。

里村　もう、安倍さんと口にはされてるんで……。

佐藤東洋士守護霊　いやあ、まあ、ほかにもあるかもしれませんけども、とにかく、その某大御所さんは、私が側聞《そくぶん》するところによればですね……。

里村　いや！　どうぞ、もう、安倍さんとはっきりと……。

佐藤東洋士守護霊　「ほかに援護射撃させておいて、それを使い捨てる」っていう傾向がある人だっていうことは聞いていますので……。

里村　なるほど。

佐藤東洋士守護霊　「あんたがたも、そういうふうにされようとしている」ということだと思います。

里村　うん。時期的にも、ちょうど、むしろ、「中国の危険性」を言っていた岡崎《おかざき》久彦《ひさひこ》さん（外交面での安倍首相のアドバイザー）も、また……。

佐藤東洋士守護霊　亡くなられたね。

里村　亡くなられたり、もう、みんなピタ－ッと合ってるんですよ。

佐藤東洋士守護霊　うん。あれは殺されたっちゅうわけじゃあ……。まあ、それは分からないから……。

そういう意味では、私みたいな人が大学の判断をして、「反中国になりかねないような大学は、ちょっと阻止したように見せる」ということは、「政権が中国に配慮した」というようにも、メッセージとしては伝わるんですねえ。

## 創価大学の新学部名が認められた背景とは？

綾織　同時に、「創価大学で、新しい学部名が認められ、新しい理系の学科も認められ……」ということがありました。これも、では……。

佐藤東洋士守護霊　ああ、創価大は、そらもう……、もちろん、〝半分、中国のもの〟ですから。

里村　「中国との関係は非常に深くなった」ということで、今、政治のほうにすべて責任があるかのようにおっしゃっていますが、やはり、「ご自身が、そもそも北京生まれでいらっしゃって、ずっと関係が深かった」と……。

佐藤東洋士守護霊　いや、別に生まれたくて生まれたわけじゃあないんですけどね。

里村　いや、生まれたくて生まれたかも分かりませんよ。

佐藤東洋士守護霊　うーん。へへッ……。

綾織　（苦笑）まあ、そうですよね。予定しているわけですから。

## 7 背後にある「大御所」の影

### 「あなたがたは、政治家のプライドを傷つけている」

佐藤東洋士守護霊　まあ、それと、ちょっと、もう一つ別の観点から言うとですねえ、なんか、この幸福の科学に対して……。あなたがたは、「政権と同調してやってる」と思ってるんだろうけれども、「ちょっと違うように見えてる面もある」ということは、知っとかないといけないんだがな。

綾織　それは、誰からですか。

佐藤東洋士守護霊　うーん。というか、あのねえ、「自分たちの手柄」として言っているようなことがね、すごく政治家のプライドを傷つけてるっていうか……。

里村　ええ。

佐藤東洋士守護霊　政治家っていうのは、すごい〝自信・自慢の生き物〟ですから。〝プライドの生き物〟なので、あなたがたが指南したような言い方をされて、そういうのが、何て言うのか、すごく鼻持ちならんと思ってる人もいるということは、知っといたほうがいいよねえ。

里村　その鼻持ちならない方は、どなた……。

佐藤東洋士守護霊　ええ？　まあ、自分のところの政党も、ろくにできんくせに、よその政党のパトロンでもしてるような気持ちになってる言い方をすることが、気に食わないと思ってる人も、一部、いるかもしれないということですね。

里村　お時間もないのですけれども、そう思っているお方は、どなたでいらっしゃいますか？

佐藤東洋士守護霊　うーん。まあ、それは……。

里村　それは、先ほどから言っておられる「大御所」ですか。

佐藤東洋士守護霊　まあ、政治を決める意味での、「幹部会をやってるメンバー」でしょうね。そういう方々なんじゃないですかね。

里村　うん？

綾織　政治？

佐藤東洋士守護霊　うん。幹部会というか、政治の重要な判断をしている、まあ、幹部会をしてるような方々なんじゃないですかねえ。

綾織　ああ。なるほど。自民党のなかですか。

佐藤東洋士守護霊　はい。

里村　ただ、要するに、お話をお伺いしていますと、やはり、自民党の最高責任者の名前が出てくる感じですね。

佐藤東洋士守護霊　というか、もうすでに、足場が崩れ始めてきていらっしゃるので、ほかの反対勢力というか、自分と考えが合わない人まで取り込まないと、もたなくなってきているのでねえ。

だから、そういう意味では、味方と思われた者の〝切り崩し〟も、一部、始まっているということではありましょうねえ。

里村　そういう意味では、ちょうど、そういう政局でもあり、あるいは、外交問題もあるというなかで、今回、政治判断が、「不認可」として下りたと。

佐藤東洋士守護霊　さらに、もう一つ分からないのは「朝日問題」で、安倍政権が言ったのが通りそうな感じであって、（朝日が）完全に絶滅するところまで行くのかなあと思いきや、急反転して、「政権」のほうを攻撃し始めたから、マスコミ界でも、何と言うの？　深層海流が、ちょっと流れが変わってきているんじゃないかと……。

綾織　うん、うん。

佐藤東洋士守護霊　朝日側が、いったい、どこまで力を使ってやってるかは分からない。

## マスコミに〝新しい餌〟を与えるために「不認可」にした？

綾織　そこが、ものすごく意図的ですし、やはり、「不可」の理由の書き方ですよね。

先ほども少しおっしゃっていましたけれども、「霊言があって、それを、そのまま教える。それが幸福の科学大学そのものなのだ」という書き方をしていますよね？　これは、いかにもマスコミが、「そんな、とんでもない大学があるんだ」と思うような、そういう誘導を明らかにしています。

佐藤東洋士守護霊　それで認めたら、マスコミのほうが〝突っ込みそうな〟書き方をしてますわね。それは、そのとおりです。

綾織　これは、ある意味で……。

佐藤東洋士守護霊　簡単に言うと、こういう言い方をしたほうが、いちばんマスコミが分かりやすく、不可の理由を納得しやすいと思う……。

綾織　ええ。さらに、まあ、これは勘繰りかもしれませんけれども、マスコミが攻める新しいターゲットをつくるというような、そういう書き方をしていますよね？

政権を叩く代わりに……。

佐藤東洋士守護霊　うーん。だから、場合によっては、幸福の科学が暴れてくれて、また、一カ月ぐらい、マスコミをお騒がせしたら……。

里村　ああ。

綾織　なるほど。

佐藤東洋士守護霊　今、（マスコミが）〝政権を攻めてる流れ〟が変わる可能性もありますわね。そこまで考えた人がいるかもしれませんね。

里村　つまり、安倍政権のほうは、むしろ被害者で、今は、いじめられ、非難されている立場ですけれども……。

佐藤東洋士守護霊　うーん。週刊誌が、今度は、こちら（幸福の科学）のほうに、ワーッと食いついてきたら、また、安倍政権のほうの食いつきが、非常に……。

綾織　ああ……。矛先が変わると？

佐藤東洋士守護霊　小渕さんとかさあ、松島さんとか、ああいうのが、どうでもよくなってきちゃう。

綾織　はい。

佐藤東洋士守護霊　団扇《うちわ》なんて、夏を過ぎたら飽きちゃうからね。だから、もう、ほかのほうへ行っちゃう。

綾織　ある意味で、マスコミの〝おもちゃ〟というか、あるいは、〝餌〟を与える……。

佐藤東洋士守護霊　うん。だから、朝日がどういう手を使って、安倍政権のほうに、〝犬をけしかけた〟のかは知らないけども、〝けしかけられた犬〟を、また、ほかのところにも、けしかけるっていう手を考える人がいても、おかしくはないよね。

里村　幸福の科学が、ある意味で、ファナティックな動きに行くように、そういう方向に持っていければということで、罠として、こういう理由を書かれたということですね。

佐藤東洋士守護霊　うーん。まあ、人の責任にするのは、好きな内閣ですね。

里村　ええっ？

佐藤東洋士守護霊　「人の責任にするのは、好きな内閣」ですね。はっきり言ってね。

綾織　ああ……。

里村　ああ、人の責任にするのが好きだと。

佐藤東洋士守護霊　うーん。自分では責任を取らないで、人の責任にするのは、とっても好きですね。

里村　はい。

「幸福の科学大学を落とすのは、安倍政権の方向を変えるシグナル」

綾織　答申の文章にこだわるのですけれども、この文章の書き方は、明らかに、役人の方が書いた書き方ではなくて……、まあ、もちろん、その某大臣もかかわっているのでしょうけれども、ここまで政治的な文章だと、ある意味で、「アジビラ」のような感じなのですよ。

やはり、先ほどからおっしゃっているような、政治的な背景がそうとうあって、こういう内容も、細かくつくられてるようにしか、やはり、思えないですよね。

佐藤東洋士守護霊　まあ、だから、「策士」というか、「作戦部隊はいる」と思いますよ、そらあ。作戦を立てた。

綾織　ああ。

佐藤東洋士守護霊　だから、ほかの大学と違って、おたくは〝象徴〟だから。「通すか、通さないか」は、一つの〝政治的なシグナル〟なので、「通す（認可）」ということは、「従来の安倍路線みたいなのを突っ走る」っていう〝シグナル〟なんですよ。

里村　はい。

佐藤東洋士守護霊　「落とす（不認可）」ということは、「安倍政権の方向を変える」という〝シグナル〟なんです。

綾織　安倍政権そのものが、もう、ある意味で変質してきた？

佐藤東洋士守護霊　変質はしてきてるとは思いますよ。

綾織　ああ。

佐藤東洋士守護霊　そらあ、いろんな圧力がかかってますから。いろんなところから……、まあ、野党からの攻撃もきつかったですけど、大臣の〝連鎖倒産〟じゃなくて、連鎖辞任は、やっぱり、ちょっときついですよねえ。

里村　ドミノ倒しですね。

「最後は下村さんも〝トカゲの尻尾切り〟をしようとしている」

佐藤東洋士守護霊　だから、場合によっては、総理……、もう言っちゃったなあ。

里村　はい、もう、どうぞ（笑）。

佐藤東洋士守護霊　まあ、総理自身は、最後には〝トカゲの尻尾切り〟で、下村さんのクビを切って逃げるつもりではいると思うんですよ。

それで、下村さんのほうは、「自分だけが切られて終わりにされたら、たまらん」と思ってるところがあるので、あっちも仕掛けてると思いますね。「自分だけがクビを切られて、挿《す》げ替えられて、終わりにはさせたくない」っていう。

そのあたりの中間として、何て言うか、「五輪担当省は別の人にする」とかいう意見が出てきて、少しずつ攻められてはいるんですよ。

綾織　ああ、なるほど。

佐藤東洋士守護霊　だから、安倍さんは、両方にいい格好をしてて、「幸福の科学に対しては、下村さんに対して、ちょっとだけ注意処分を与えて、彼の権限を剥ぎ取っているように見せていながら、下村を使えるところは使う」っていう感じでいて、最後は〝尻尾切り〟をするつもりで……。

私が「下村」と言っちゃいけないかな。「大臣」を、そうするつもりでいるけど、下村さんのほうは、そうはさせまいと思ってるところもあって、「幸福の科学のところを、なんぞうまく使って、幹事長、総理大臣への道に使えないか」と思っている。それで、この前に、いいことを言ってほめさせようとして、仕掛けてきてる。

綾織　ああ、そういうことですか。

佐藤東洋士守護霊　あ、そうそう、そうそうそう。

佐藤東洋士守護霊　仕掛けてきたのには、やっぱり、「ここで私が（幸福の科学より）上になって、その気になれば、ちゃんとつかんで動かせるんですよ」というところを見せようと思ったわけだけど、君らが沖縄の、何かビラ配りを始めたから、もう、もたなくなった。

里村　沖縄知事選挙のほうですね。

佐藤東洋士守護霊　ええ、ええ。そう、知事選。仲井眞《なかいま》知事みたいな（のを支持するビラを）配り始めたから、配ってるやつのところ、安倍政権の方向を応援してるやつを落とすと、今度、また問題が起きるから、もう、早くこれを発表して、〝あれ〟しなきゃいけないということになってきたわけだ。

まあ、非常に〝きわどい動き〟をしてるので、先週末から今週にかけても、そうとう押したり引いたりしていて、結論については両方あったんですよ、本当は。

里村　なるほど。

佐藤東洋士守護霊　結局、最終的には、「被害がいちばん小さくなる方向はどっちなのか」みたいな。

綾織　この判断が、本当に被害が小さいのかどうかについては、もう少し期間を見ないと分らないと思いますよ。沖縄の知事選もありますし、その後、中国との関係がどうなるかというのは、これでは……。

佐藤東洋士守護霊　だから、閣僚の二人（の辞任）もあったし、それと、もし、知事選で負けたりした場合には、ちょっと、解散の流れになっていく可能性もあることはありますので。

綾織　そうですね。

佐藤東洋士守護霊　確かにね。

「あなたがたは、政治的象徴として使われた」

里村　本当に、これだけは知っておいていただきたいのですが、幸福の科学大学については、本当に多くの子供たちが、「自分たちが受けたい学問、学びたい学問を、ここで学ぶんだ」ということで、一生懸命にやっていました。しかし、今回、この結論が出たことで、「その子供たちの気持ちが、ある意味で裏切られた」ということについては、いかが思われるのでしょうか。

やはり、結局、「国立」ではできないことを教えるのが「私学」ですから。

佐藤東洋士守護霊　まあ、そうでしょうね。

里村　その結果として、「学生が集まる、集まらない」ということに関しては、もう、「思想の自由市場」の問題だと、私は思うのですが、このあたりについて、いかが思われますか。

佐藤東洋士守護霊　いやあ、それは、財務的に見てもいけそうだと思うし、それから、思想的に、学問的な供給も、おそらくは続くだろうと、今のところは見えてるから、やってやれないことはないことぐらいは、分かってはいます。

それに、（認可を）通したほかのところなんか、何もありませんので。実を言うと。「この世的に、ちょっと使える部分がある。唯物的には使えるところがある」っていうところが通りましたけども、実際、あなたがたのは、「政治的な象徴」として使われたと考えたほうがいいと思うんです。

綾織　これが「政治的な象徴」だとするならば、あまりにも大きなダメージになる可能性がありまして、「最長五年間は申請ができない」という規定を振りかざしている状態ですが……。

佐藤東洋士守護霊　いや、それはねえ、某大臣が、オリンピックまでやりたいっていうつもりでいるからね。まあ、そのぐらいのつもりでいたんでしょうけども。その前に替わるだろうから、そんなことはないとは思いますけどね。

綾織　ただ、審議会の会長の責任として、ここまでやるとなると、単なる一学校だけの問題ではなく、宗教活動そのものに対しての影響が大きすぎますよ。

佐藤東洋士守護霊　だから、私の責任の範囲は超えてるとは思うんですけどね。

里村　具体的に、はっきり言いますと、文部科学省が、一宗教団体の教義にいちゃもんをつけていて、結局、これは「宗教弾圧」ということになります。「憲法違反」になります。

佐藤東洋士守護霊　いやあ、だからねえ、やっぱり政治が絡んではいるんですよ。前回の室長は認めようとしてたんで。

それで、なんか調整してやろうとしてたんですけども、それ（室長）をパッと替えたでしょう？　だから、認めたくない人がいたっていうことですよ。上にいたっていうことね。

里村　「上」ですね。

佐藤東洋士守護霊　上にね。だから、認めようとしたから。あの人は、東大出身でもあり、たぶん憲法的なことも理解してたんだと思いますが、今回は、言うことをききそうな人を据えてやっている状況ですよね。

里村　うん。

## 「おたくを応援するのを退《ひ》かなきゃいけない事情があった」

佐藤東洋士守護霊　だから、そういう意味で、〝力比べ〟をやってはいるんだけど、まあ、お友達のようであって、自分の専門というか、持ってるところに対しては、けっこう「縄張り争い」をやっているところはあるんですよ。手を突っ込まれるのは嫌なんですよ、ほかんところからね。友達のようであってもね。

だから、安倍さんと、○○さんとの連合軍が、兵を退《ひ》かなければいけないような何かがあったということでしょうね、おそらくね。兵を退かなきゃいけない事態が、なんかあったということでしょうね。

綾織　兵を退く？

佐藤東洋士守護霊　いや、おたくの応援をするのを、退かなきゃいけない事情が、なんかあったということでしょうね。

里村　それが、象徴としては、「日中のせめぎ合い」とかいうところですよね。

佐藤東洋士守護霊　まあ、そういうところでしょうね。

そういうのもあるし、ちょっと予想外の、「ロシアの問題」なんかも出てきておりますからね。それから、「北朝鮮との問題」も出たり、いろいろ、けっこう苦労してますからね、今ね。

まあ、政権の運営は、ちょっと危なくなってきつつあるっていうことですね。

里村　これ以上になると、佐藤総長の任に堪《た》えない話になって……。

佐藤東洋士守護霊　まあ、任に堪えないね。

綾織　まあ、全体像は、よく理解できました。

佐藤東洋士守護霊　だいぶ想像が入ってますけどね。だいぶ想像が入ってる。

里村　いや、たぶん、まったくの想像ではお話しされませんので、いろいろと入ってきて……。

綾織　まあ、そういう「政治的な背景」があってのことだと、よく分かりました。

## 「結論はどっちにもできた」

佐藤東洋士守護霊　実際、学問的なことは、集まった委員で全体が見える人は誰もいないので、何とも言えないんですけども。結論はどっちにもできたと私は思いますよ。財務省も、あえて「幸福の科学を落とせ」とは言ってなかったと思います。たぶん言ってなかったと思いますけども。

何かのメッセージなんだと思います。おそらく、何かのメッセージなんだとは思いますので。

里村　まあ、スケープゴートにするには、ちょうど、幸福の科学大学が……。

佐藤東洋士守護霊　というか、路線が変わろうとしてることの象徴になるからね。

綾織　安倍政権そのものが変わってきていると。

佐藤東洋士守護霊　だから、マスコミの猛攻《もうこう》で、ちょっと参ってたからねえ、政権自体が。ちょっと、その意味で、船が沈むんだったら荷物を海に投げ捨てるっていう感じでしょうかね。そうなってたところはあるかな。

だから、最後、ちょっと手間取って、どうするか、議論が重なってたんじゃないでしょうかね。

綾織　うん。

佐藤東洋士守護霊　私のほうは、まあ、それは、いちおう責任はあるし、「書いた」と言われたら「書いた」と言わないといけない立場にあるから、そう言ってもいいですけども。うーん、大きな判断というか、流れに逆《さか》らえるようなものではなかったということは、まあ、そうですね。

## 8　財務省は安倍首相を使い捨てる？

### 「あなたがたは、敵も味方も多い団体だ」

里村　分かりました。

もう一点。いろいろなところで、「孔子学院は、日本における中国のスパイ機関だ」とも言われ始めていますけれども、どうされるんですか？

佐藤東洋士守護霊　いやあ、「中国 対 日本」は今……。

里村　どうなりたいですか。

佐藤東洋士守護霊　いや、今、〝総力戦〟をやってますから。本当に〝総力戦〟ですので。

里村　うん。

佐藤東洋士守護霊　現実には、あらゆるルートで、いろいろなところで戦ってますから。

里村　桜美林大学は、中国の先兵として、日本に今、いるのですか。

佐藤東洋士守護霊　うーん。まあ、へへッ（笑）。
まあ、キリスト教が中国の水面下では、ちょっとだけ広がりつつはあるんですけどねえ。一億人ぐらいは地下教会にいると言われておりますし。

里村　増えております。

佐藤東洋士守護霊　カトリックのほうも、バチカンは中国を狙ってはいるし。

里村　はい。

佐藤東洋士守護霊　韓国、そして、中国。布教《ふきょう》を狙ってる。

布教を狙っている宗教も、ほかにもいっぱいあることはあるんで、こちらも、解禁してくれれば、それはうれしいところはありますけどねえ。

まあ、あんたがたは、味方もいるけど、敵もけっこう多い団体だからね。

里村　当会ですね。

佐藤東洋士守護霊　うん、うん、うん。敵も多いし、目立ちすぎてるし、「誰かが（バッシングを）やってくれないか」と思ってる人も、いっぱいいるのも事実ではあるからねえ。

まあ、いろいろなものが来てるんじゃないですか？　「ほかの宗教団体」から、「外国」から、「政治の派閥抗争」、それから「マスコミ戦略」、いろいろなものを入れて、何人かで話していったところはあるんじゃないですかねえ。

里村　何人かで？

佐藤東洋士守護霊　ああ。たぶん、意思決定をなされているんじゃないかとは思いますがね。

綾織　ああ、なるほど。

里村　その何人かとは、今日お名前が出た下村大臣、それから安倍総理ですか？

佐藤東洋士守護霊　いやあ、それは、私のような〝下々の者〟には分かりませんけれどねえ。

綾織　はい、ありがとうございます。

「次の増税で安倍首相はそろそろ〝逝く〟」

綾織　まあ、政権としての判断なのでしょうけれども、私どもとしては、「結局は、国家としてもいちばん大事なものを捨てた可能性がある」ということを言っておきたいと思います。

佐藤東洋士守護霊　だから、あなたがたは（政権を）応援しているつもりでいたかもしれないけども。（政権としては）あなたがたの応援がこれでなくなる可能性はあるとは思っていますが、そのときに、「内閣が野垂れ死にするかどうか」という判断でしょ？

あなたがたは、「野垂れ死にするかもしらん」と思ってるけども、彼らは、「幸福の科学との〝悪縁〟を切っといたほうが、生き延びれるかもしれない」と思っているところもある人もいるということでしょうねえ。

今、中国側が台頭してきてるということは、そういう流れ。

綾織　それは逆に言うと、「安倍首相が本来やりたかったことを捨てる」という状態ですね。

佐藤東洋士守護霊　そういうことですね。生き延びるためには、自分の〝あれ〟をだいぶ捨てなきゃいけなくなってきているっていうことだね。

綾織　そうですね。ただ、そうなると、単に「政権の維持のための政権」になります。

佐藤東洋士守護霊　だから、靖国参拝もできない人なんだから、あんたがたが言うような、きつい〝強硬意見〟にそのまま乗ったら、やられるのを感じてるんじゃないですか？　言ってることがかなり強いでしょ？

綾織　正論です。

佐藤東洋士守護霊　あれだけ言っといて、靖国神社さえ行けないんですから。だから、あんなの、憲法改正まで行けるわけないですよ。もっと、もっと弱いですよね。
まあ、集団的自衛権の閣議決定（二〇一四年七月一日）をやったところあたりで
もう力は尽きた感じで、次の（消費税の）十パーセント上げのところで、そろそろ
〝逝く〟んじゃないですかね。

綾織　はあ。

佐藤東洋士守護霊　だから、財務省のほうは、「（消費税を）十パーセントに上げて
くれさえすれば、いつ誰に替わったって構わない」と思っているると思いますので
（笑）、使い捨てるつもりでいると思いますよ。

綾織　安倍さんが「使い捨てられる」んですね。

佐藤東洋士守護霊　たぶん財務省は、安倍さんを捨てるつもりでいると思いますね。

「表面意識は『知らん』と言うだろう」と予測する佐藤氏守護霊

里村　ただ、今回の一大学の認可の問題ではありますが、そのように「政争の具」にするにしては、あまりにも大きな代償を残しました。

佐藤東洋士守護霊　まあ、「大学行政の長にある人が純粋な教育者ではなかった」ということでしょうね。それはやっぱり言えると思う。

もし、純粋な教育的情熱を持っている方であれば、身を挺してでも何か考えたものはあったんではないかと思うし、宗教を理解していない方でもなかったはずなので。

里村　なるほど。

佐藤東洋士守護霊　そうした、宗教を理解してるとか、教育に関心があるとかいうことを超えて、「政治家として得るべきもの」のほうに関心があった方なんじゃないかというふうには思いますねえ。

綾織　はい。ありがとうございます。

佐藤東洋士守護霊　まあ、そんなに恨まないでよ。

里村　いや、いや。

佐藤東洋士守護霊　恨んで、桜美林大学のなかでみんなでデモをして、〝ワッショイ、ワッショイ〟しないでね。

うちだって、弱くて赤字体質なんだからさ。補助金で生きてんだから。そういう意味では、もう頭が上がらないんだからね。

綾織　あなたのところに批判が向くかどうかは別にしても……。

佐藤東洋士守護霊　これは守護霊が言ったけど、（地上の）私が訊かれて、公式インタビューされたら、「いいえ、表面意識というか、私は知らん。そんなの一瞬たりとも考えたことはありません」って絶対言いますから。

そうしないと、補助金が来なくなるからね。本人は「私の考えと全然違います」って、公式にインタビューされたら言いますよ。

綾織　そうでしょうね。

里村　だからこそ、今日は守護霊様に来ていただき、対話していただいたのは、たいへんありがたかったです。

佐藤東洋士守護霊　絶対に（地上の）本人は否定しますよ。それはそうですよ。否定しますし、「キリスト教の教学で、守護霊だとか、転生輪廻《てんしょうりんね》だとか、そんなことに深入りはしてませんので」と、それは言いますよねえ。

だから、「キリスト教は科学的に見たら邪教だ」と判定されるようなことについて、表面意識としては、絶対、口に出したら駄目で、「いやあ、もう歴史があり、すでにいろんなものの検証が終わっていて、認められた世界的な宗教ですから」と、絶対に言うと思いますが、宗教家として見たときには、やっぱり、ちょっとおかしいと思ってます。はい。

## 「最長五年間は申請できない」というＮＨＫ報道の真意は？

里村　もう一点、昨日のＮＨＫのニュースに佐藤総長のお姿が出られて、「最長五年間は申請できない」とか、かなり偏った方向での報道を、いきなり昨日の夕方、報道の皮切りとしてやりました。「ＮＨＫとのかかわり」はどうなんですか。

佐藤東洋士守護霊　……。

里村　何か、かかわりが？

佐藤東洋士守護霊　まあ、ＮＨＫは、あんたがたから〝大砲の弾〟をだいぶ撃ち込まれているからね。まあ、そういうことがあるから。

安倍さんが、中国とのよりを戻そうとしていると同時に、ＮＨＫあたりとも修復しようとしてるというのはあるんじゃないですかねえ。

里村　うん。

佐藤東洋士守護霊　うーん、まあ、あなたがたはビッグになって、そんなニュースでやったぐらいではビクともしないぐらいの団体になったから、マスコミのほうも、「蛙の面《つら》に何とか」だと思ってるところもあるとは思いますけどね、うんうん。

里村　ただ、宗教法人本体はそうかもしれませんけれども、受験生のことを考えると、非常に……。

佐藤東洋士守護霊　うーん……、だから、そんなに純粋に正統の教育なんていうのは考えてない人がいるということだと思いますよ。

里村　そういうことですね。

佐藤東洋士守護霊　「教育改革」なんて本気で言い出したら、だいたい政権は終わりですからね。本当は最後ですから。実際上は、アベノミクスの成功、成否のあたりで、寿命が尽きるところでしょうからね。

で、あと、さっき、もう一つ言い損ねたのは、まあ、表面意識は認めないけども、潜在意識は正直にしゃべってしまいますが、私もそうだけども、安倍政権自体はですねえ、「エリート嫌いな政権」なんですよ。ほんとはね。エリート嫌い政権で。そこをマスコミに叩かれてるからさ。

里村　うん。

佐藤東洋士守護霊　だから、まあ、あんたがたの「これから超エリート校みたいなのをつくる」みたいな感じは、ほんとは、体質的にはあまり好きではないかもしれないっていうことは言えるわね。

綾織　エリートというわけではなくて、努力の結果ですよね。それを認めるということです。

佐藤東洋士守護霊　まあ、そうだし、あと、うちのほうの大臣としては、「すでに四十何パーセントの大学が赤字」という現状のなかにおいて、やっぱりね、定員割れのところで増やせば、定員割れがもっといきますから、今はそれを何とかしたいところですからねえ。

里村　失礼ながら、桜美林大学さんも、このところ、受験生数が毎年定員割れしているかどうかという状況でございますよね？　一説には、収益等もかなり厳しくなってきているとも言われたり……。

佐藤東洋士守護霊　まあ、日本医師会がねえ、医大の新設に抵抗するわね。（新設）したら、収入が減るからね。

里村　そうなんですよ。

佐藤東洋士守護霊　最近、弁護士で〝実験〟しちゃったもんね。弁護士を増やして三千人体制なんかになったら、大変なことになって、収入がそれだけ減っていくっていうのは分かったからね。必死で抵抗する。

大学も同じだね。あんたがたがこれで成功して、それで大学が五千人規模だとか一万人規模だとか、どんどん大きくなったら、潰れる学校が幾つか出てくることは見えてるからね。それは、生存競争がかかってるから。

「今回の答申は『信教の自由』にまで踏み込んでいる」

里村　だから、この「審議会の仕組み」は、われわれから見ると非常に不可解です。

佐藤東洋士守護霊　うーん……。

里村　要するに、同じ業界のなかで望まないのは当然で、極めてバイアスのかかった判断が出るに決まっているわけです。ですから、今回は基本的に、医療系や福祉系など、今後、雇用が生まれるような、非常にごく限られた分野だけ大学を認める方向で……。

佐藤東洋士守護霊　うーん……。まあ、「長生村立幸福の科学大学」とか、そんなのを目指すとか、なんか、ねえ?　もうちょっとならないかねえ。

里村　まあ、われわれも大所高所から、もう少し考えてまいりますけれども。

佐藤東洋士守護霊　エッヘヘヘ……。

綾織　ただ、私学なので、そもそも、ここまでの〝介入〟はおかしいですよね。

佐藤東洋士守護霊　本当は、そうです。私学で、そこまで実質判断するっていうのは、ほんとはいけないんでしょうね。

里村　もう、「学問の自由」も「思想・信条の自由」も「表現の自由」も「信教の自由」も全部入ってきていますよ。

佐藤東洋士守護霊　それは、「信教の自由」に踏み込んだと思いますよ、私は。「信教の自由」と、報道・出版・表現（の自由）や、「出版の自由」に踏み込んでいると思いますよ。

佐藤　佐藤さんの表面意識のほうも、そうお考えでしょうか。

佐藤東洋士守護霊　あ、表面意識は、やっぱり嘘をつくでしょうね。そりゃ、そうでしょうよ。だって、責任ある立場ですから。

佐藤　「認識はしているけれども、嘘をつくだろう」と。

佐藤東洋士守護霊　ああ、もう、認識はしてるけど、嘘をつくと思います。

だって、認めたら辞めなきゃいけないから、すぐ。それは辞めなきゃいけないでしょう。

里村　いや。それは十分に、ある意味で、今回のこの報告の判断は罪があったという自覚はされている？

佐藤東洋士守護霊　ただ、「上」の大臣よりは、私のほうがまだ少しは、〝タヌキ〟よりは人間に近いと思います。はい。私のほうがやや人間に近い。

「某文科大臣は破門にしたらいい」

綾織　守護霊さんとしては、非常に正直に、「インサイド・レポート」ということで、いろいろとお教えいただいたと思います。

佐藤東洋士守護霊　うーん。いやあ、あんたがただって、堂々と、あの某文科大臣、あんなの、〝破門〟にしたらいいいんじゃないの、本当に（笑）。

綾織　まあ、それは組織としての決定事項ですけれども、個人的には、明らかに、そういう判断になると思います。

佐藤東洋士守護霊　「どっちがどっちの股をくぐるか」の戦いでしょう？　「宗教対国王」の戦いみたいな感じに見えますよねえ。なんか、「どっちが強いか」みたいな感じで、「どっちがどっちの股をくぐるか」みたいな感じに見えなくはないですねえ。

綾織　「ほぼ、信仰心がない」というように言ってもいい状態だと思います。

佐藤東洋士守護霊　いや、（あなたがたを）利用できるんだったら、あるんじゃないですか。

綾織　ああ。そういう状態ですね。

佐藤東洋士守護霊　あなたがたを上手に利用できるなら、信仰心は「ある」んじゃないんですか。利用できないんなら、「ない」んじゃないですか。まあ、そういう人ですよ。

里村　はい。まあ、ご意見として伺っておきます。

佐藤東洋士守護霊　はい。

綾織　はい。本日は、背景にある政治的な力学、あるいは、今後の流れも含めて、大きなところが見えてきましたので、感謝申し上げます。

里村　ありがとうございました。

## 9 「文科省・審議会不要論」に火を点けそうな今回の霊言

大川隆法　はい（手を二回叩く）。「審議会不要論」というか、「文科省不要論」のような議論に火が点きそうな感じの本になりそうではありますね。

里村　ええ。

綾織　結局、これまで審議した過程も〝飛び越えて〟の結論ですので、本当に……。

大川隆法　ですから、もともと、「（審議会は）隠れ蓑《みの》だ」というのは、そうなのでしょう。これを見ると、誰の責任でもないですから。

**綾織**　そうですね。

**大川隆法**　うん。「誰が決めたかも分からないようになっている」というのですから、これは、「おかしい」と言えばおかしいし、少なくとも、国民主体の政治ではないですね。なめています。「国民の声を聞く気がない」ということですから、もう完全な「お上意識」です。

これに関しては、「立憲主義」を当会も言ってみたくなるぐらいです。やはり、「（憲法というのは）公務員を縛るものであって……」というように、これに関しては言ってみたいですね（苦笑）。言わないところもあるけど、言いたいところもあります。

**綾織**　嘆願《たんがん》をしても、まったく無視ですから、そういう声を本当に聞かない状態ですね。

大川隆法　次の総選挙で決着をつけるしかないでしょうね。

以前、オウム真理教事件があって、宗教法人法を改正したときは、立正佼成会が中心だった新宗連（新日本宗教団体連合会）が動いたと思いますが、文部大臣（当時）に責任を取らせて、落選させました。「絶対に許さない。オウムと一緒にした」と怒って、「落選させる」と言ったら、本当に落選してしまいました。

「そこまでさせないと、やはり理解しない」ということもあるようです。一つ、研究してみましょうか。

里村　はい。ありがとうございました。

綾織　ありがとうございます。

# あとがき

一日も早く国政が浄化され、マスコミ界も浄化されますことを。信仰ある者に学問の自由の道が開かれ、権力欲にまみれた手が聖域をおかしませんことを。

国家権力が増税や許認可と引きかえに、純粋な情熱を持った若者たちの夢を壊しませんことを。

悪魔の倫理（唯物論・無神論）が「科学」の名のもとに、政界、マスコミ界、教育界を支配しませんことを。

そして日本が世界標準の信仰の国となりますことを。

二〇一四年　十月三十日

幸福《こうふく》の科学《かがく》グループ創始者兼総裁《そうししゃけんそうさい》　大川隆法《おおかわりゅうほう》

『大学設置審議会インサイド・レポート』大川隆法著作関連書籍

『幸福の科学大学創立者の精神を学ぶⅠ』（幸福の科学出版刊）
『幸福の科学大学創立者の精神を学ぶⅡ』（同右）
『文部科学大臣・下村博文守護霊インタビュー』（同右）
『文部科学大臣・下村博文守護霊インタビュー②』（同右）

大学《だいがく》設置《せっち》審議会《しんぎかい》インサイド・レポート

──大学設置分科会会長スピリチュアル・インタビュー──

2014年10月31日　初版第1刷

著　者　　大《おお》川《かわ》隆《りゅう》法《ほう》

発行所　　幸福の科学出版株式会社

〒107-0052 東京都港区赤坂2丁目10番14号
TEL(03)5573-7700
http://www.irhpress.co.jp/

印刷・製本　株式会社 東京研文社

落丁・乱丁本はおとりかえいたします



ISBN978-4-86395-590-5 C0030
写真：時事通信フォト

## 大川隆法 霊言シリーズ・安倍政権のあり方を問う

### 安倍新総理 スピリチュアル・インタビュー
**復活総理の勇気と覚悟を問う**

自民党政権に、日本を守り抜く覚悟はあるか⁉　衆院選翌日、マスコミや国民がもっとも知りたい新総理の本心を問う、安倍氏守護霊インタビュー。
【幸福実現党刊】

1,400円

### 吉田松陰は 安倍政権をどう見ているか

靖国参拝の見送り、消費税の増税決定――めざすはポピュリズムによる長期政権? 安倍総理よ、志や信念がなければ、国難は乗り越えられない!
【幸福実現党刊】

1,400円

### 安倍昭恵首相夫人の 守護霊トーク「家庭内野党」の ホンネ、語ります。

「原発」「ＴＰＰ」「対中・対韓政策」など、夫の政策に反対の発言をする型破りなファーストレディ、アッキー。その意外な本心を守護霊が明かす。

1,400円

## 大川隆法 霊言シリーズ・政治家の本音に迫る

### 文部科学大臣・下村博文 守護霊インタビュー

大事なのは、財務省の予算、マスコミのムード!? 現職文科大臣の守護霊が語る衝撃の本音とは? 崇教真光初代教え主・岡田光玉の霊言を同時収録。

1,400円

---

### 文部科学大臣・下村博文 守護霊インタビュー②

**大学設置・学校法人審議会の是非を問う**

「学問の自由」に基づく新大学の新設を、"密室政治"によって止めることは許されるのか? 文科大臣の守護霊に、あらためてその真意を問いただす。

1,400円

---

### 副総理・財務大臣 麻生太郎の守護霊インタビュー

**安倍政権のキーマンが語る「国家経営論」**

教育、防衛、消費増税、福祉、原発、STAP細胞問題など、麻生太郎副総理・財務大臣の「国会やマスコミでは語れない本心」に迫る!

1,400円

---

※表示価格は本体価格(税別)です。

## 大川隆法ベストセラーズ・幸福の科学「大学シリーズ」

### 究極の国家成長戦略としての「幸福の科学大学の挑戦」

**大川隆法 vs. 木村智重・九鬼一・黒川白雲**

「人間を幸福にする学問」を探究し、人類の未来に貢献する人材を輩出する――。新大学建学の志や、新学部設立の意義について、創立者と語り合う。

1,500円

---

### 早稲田大学創立者・大隈重信「大学教育の意義」を語る

大学教育の精神に必要なものは、「闘魂の精神」と「開拓者精神」だ！ 近代日本の教育者・大隈重信が教育論、政治論、宗教論を熱く語る！

1,500円

---

### 幸福の科学大学創立者の精神を学ぶI（概論）

**宗教的精神に基づく学問とは何か**

いま、教育界に必要な「戦後レジームからの脱却」とは何か。新文明の創造を目指す幸福の科学大学の「建学の精神」を、創立者みずからが語る。

1,500円

---

### 幸福の科学大学創立者の精神を学ぶII（概論）

**普遍的真理への終わりなき探究**

「知識量の増大」と「専門分化」が急速に進む現代の大学教育に必要なものとは何か。幸福の科学大学創立者が「新しき幸福学」の重要性を語る。

1,500円

# 幸福の科学グループのご案内

**宗教、教育、政治、出版などの活動を通じて、地球的ユートピアの実現を目指しています。**

## 宗教法人　幸福の科学

一九八六年に立宗。一九九一年に宗教法人格を取得。信仰の対象は、地球系霊団の最高大霊、主エル・カンターレ。世界百カ国以上の国々に信者を持ち、全人類救済という尊い使命のもと、信者は、「愛」と「悟り」と「ユートピア建設」の教えの実践、伝道に励んでいます。

（二〇一四年十月現在）

## 愛

幸福の科学の「愛」とは、与える愛です。これは、仏教の慈悲《じひ》や布施《ふせ》の精神と同じことです。信者は、仏法真理をお伝えすることを通して、多くの方に幸福な人生を送っていただくための活動に励んでいます。

## 悟り

「悟り」とは、自らが仏の子であることを知るということです。教学《きょうがく》や精神統一によって心を磨き、智慧《ちえ》を得て悩みを解決すると共に、天使・菩薩《ぼさつ》の境地を目指し、より多くの人を救える力を身につけていきます。

## ユートピア建設

私たち人間は、地上に理想世界を建設するという尊い使命を持って生まれてきています。社会の悪を押しとどめ、善を推し進めるために、信者はさまざまな活動に積極的に参加しています。

海外支援・災害支援

国内外の世界で貧困や災害、心の病で苦しんでいる人々に対しては、現地メンバーや支援団体と連携して、物心両面にわたり、あらゆる手段で手を差し伸べています。

自殺を減らそうキャンペーン

年間約３万人の自殺者を減らすため、全国各地で街頭キャンペーンを展開しています。

公式サイト **www.withyou-hs.net**

ヘレンの会

ヘレン・ケラーを理想として活動する、ハンディキャップを持つ方とボランティアの会です。視聴覚障害者、肢体不自由な方々に仏法真理を学んでいただくための、さまざまなサポートをしています。

公式サイト **www.helen-hs.net**

# 教育

## 学校法人 幸福の科学学園

学校法人 幸福の科学学園は、幸福の科学の教育理念のもとにつくられた教育機関です。人間にとって最も大切な宗教教育の導入を通じて精神性を高めながら、ユートピア建設に貢献する人材輩出を目指しています。

**幸福の科学学園**

**中学校・高等学校（那須本校）**
2010年4月開校・栃木県那須郡（男女共学・全寮制）
TEL **0287-75-7777**
公式サイト **happy-science.ac.jp**

**関西中学校・高等学校（関西校）**
2013年4月開校・滋賀県大津市（男女共学・寮及び通学）
TEL **077-573-7774**
公式サイト **kansai.happy-science.ac.jp**

幸福の科学大学

TEL **03-6277-7248**（幸福の科学 大学準備室）
公式サイト **university.happy-science.jp**

---

**仏法真理塾「サクセスNo.1」** TEL **03-5750-0747**（東京本校）
小・中・高校生が、信仰教育を基礎にしながら、「勉強も『心の修行』」と考えて学んでいます。

**不登校児支援スクール「ネバー・マインド」** TEL **03-5750-1741**
心の面からのアプローチを重視して、不登校の子供たちを支援しています。
また、障害児支援の「**ユー・アー・エンゼル!**」運動も行っています。

**エンゼルプランV** TEL **03-5750-0757**
幼少時からの心の教育を大切にして、信仰をベースにした幼児教育を行っています。

**シニア・プラン21** TEL **03-6384-0778**
希望に満ちた生涯現役人生のために、年齢を問わず、多くの方が学んでいます。

NPO
活動支援

ブログ **blog.mamoro.org**

いじめから子供を守ろうネットワーク

学校からのいじめ追放を目指し、さまざまな社会提言をしています。また、各地でのシンポジウムや学校への啓発ポスター掲示等に取り組む一般財団法人「いじめから子供を守ろうネットワーク」を支援しています。

公式サイト **mamoro.org**
相談窓口 **TEL.03-5719-2170**

## 政治

# 幸福実現党

内憂《ないゆう》外患《がいかん》の国難に立ち向かうべく、二〇〇九年五月に幸福実現党を立党しました。創立者である大川隆法党総裁の精神的指導のもと、宗教だけでは解決できない問題に取り組み、幸福を具体化するための力になっています。

党員の機関紙
「幸福実現NEWS」

TEL 03-6441-0754
公式サイト hr-party.jp

## 出版 メディア 事業

# 幸福の科学出版

大川隆法総裁の仏法真理の書を中心に、ビジネス、自己啓発、小説など、さまざまなジャンルの書籍・雑誌を出版しています。他にも、映画事業、文学・学術発展のための振興事業、テレビ・ラジオ番組の提供など、幸福の科学文化を広げる事業を行っています。

アー・ユー・ハッピー？
**are-you-happy.com**

ザ・リバティ
**the-liberty.com**

幸福の科学出版
TEL 03-5573-7700
公式サイト irhpress.co.jp

THE FACT

**ザ・ファクト**
マスコミが報道しない
「事実」を世界に伝える
ネット・オピニオン番組

Youtubeにて
随時好評配信中！

ザ・ファクト　検索

# 入 会 の ご 案 内

## あなたも、幸福の科学に集い、<br>ほんとうの幸福を<br>見つけてみませんか？

幸福の科学では、大川隆法総裁が説く仏法真理をもとに、
「どうすれば幸福になれるのか、また、
他の人を幸福にできるのか」を学び、実践しています。

### 入会

大川隆法総裁の教えを信じ、学ぼうとする方なら、どなたでも入会できます。入会された方には、『入会版「正心法語」』が授与されます。（入会の奉納は1,000円目安です）

**ネット**でも**入会**
できます。詳しくは、
下記URLへ。
**happy-science.jp/joinus**

### 三帰《さんき》誓願《せいがん》

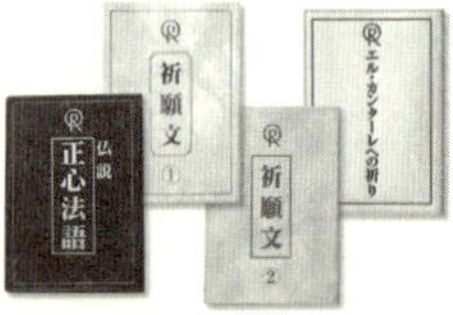


仏弟子としてさらに信仰を深めたい方は、仏・法・僧の三宝への帰依を誓う「三帰誓願式」を受けることができます。三帰誓願者には、『仏説・正心法語』『祈願文①』『祈願文②』『エル・カンターレへの祈り』が授与されます。

### 植福《しょくふく》の会

植福は、ユートピア建設のために、自分の富を差し出す尊い布施の行為です。布施の機会として、毎月1口1,000円からお申込みいただける、「植福の会」がございます。

「植福の会」に参加された方のうちご希望の方には、幸福の科学の小冊子（毎月1回）をお送りいたします。
詳しくは、下記の電話番号までお問い合わせください。

月刊
「幸福の科学」

ザ・伝道

ヤング・ブッダ

ヘルメス・
エンゼルズ

| INFORMATION | 幸福の科学サービスセンター<br>TEL. 03-5793-1727（受付時間 火〜金:10〜20時／土・日:10〜18時）<br>宗教法人 幸福の科学 公式サイト happy-science.jp |
|---|---|